성 안토니우스의 생애
The Life of St. Antony

성 안토니우스의 생애
The Life of St. Antony

발행일 | 2019년 3월 1일 발행
발행인 | 김재현
저 자 | 아타나시우스
번 역 | 전경미
편 집 | KIATS 편집팀
디자인 | 박송화
펴낸곳 | 키아츠(KIATS)
주 소 | 서울 용산구 원효로214-2 청운빌딩 3층
전 화 | 02-766-2019
팩 스 | 0505-116-2019
E-mail | kiats2019@gmail.com
ISBN | 979-11-6037-113-0(02230)

* 본 출판물의 저작권은 키아츠(KIATS)에 있습니다.
* 사전동의 없이 무단으로 복사 또는 전재하여 사용할 수 없습니다.

* 이 도서의 국립중앙도서관 출판예정도서목록(CIP)은 서지정보유통지원시스템 홈페이지(http://seoji.nl.go.kr)와 국가자료종합목록시스템(http://www.nl.go.kr/kolisnet)에서 이용하실 수 있습니다. (CIP제어번호 : CIP2018024930)

성 안토니우스의 생애
The Life of St. Antony

주교 아타나시우스가
널리 퍼져 사는 수도사들에게

전경미 번역

키아츠
KIATS

Contents

도입 ◆ 6

본문 ◆ 9

맺음말 ◆ 151

에필로그 ◆ 153

도입

여러분은 이집트 수도사들과의 고결한 경쟁에 들어섰습니다. 이는 덕행의 길에서 수행하는 가운데 그들과 같아지거나 그들을 뛰어넘고자 하는 결의에서 비롯된 것이었지요. 이제 여러분은 수도원을 갖고 있고, 수도사의 명성은 대중의 인정을 받고 있습니다. 모든 이들이 여러분의 이런 목표를 마땅히 칭송할 것이고, 여러분이 기도하듯이, 하나님께서 그대들의 요청을 들어주시어 목표가 이루어지길 빕니다.

여러분들은 제게 복된 성자 안토니우스가 걸어갔던 생애에 대한 이야기를 요청했습니다. 그가 수행을 어떻게 시작했는지, 그가 그 전에는 어떤 사람이었는지, 어떻게 삶을 마무리했는지, 나아가 그에 관해 말해지는 것들이 사실인지, 여러분은 알기를 원했고, 그리하여 여러분 각자가 안토니우스를 본받아가길 희망했던 것이지요.

저는 여러분의 요청을 기꺼운 호의로 받아들였습니다. 안토니우스를 있는 그대로 회상한다는 것은 저에게도 굉장한 이익이고 도움입니다. 그에 대한 여러분의 감탄과는 별도로, 여러분이 그의 삶에 대해 들을 때, 수도사들에게 있어서 안토니우스의 삶은 수행을 위한 하나의 더할 나위 없는 귀감이라는 것을 알게 되면서 그의 투지를 따라갈 수 있기를 열망하게 될 것입니다.

그러므로 그에 관한 소식을 가져오던 사람들로부터 여러분이 들어왔던 것을 신뢰하기를 거부하지 마십시오. 그러나 그들이 그가 이룬 위업의 일부분만을 말해주었다는 것을 생각하십시오. 그들은 많은 것을 상세하게 묘사하지는 않았습니다.

저는 여러분의 요청을 받고 그에 관한 자료 일부를 수집했습니다. 그리고서는 편지로 내가 말할 수 있는 한 최대한의 것을 써서 보낼 것이기 때문에, 부분적인 지식이 전부인 양 이야기하는 사람들에게 질문하기를 소홀히 하지 마십시오. 그들이 각자 자신이 알고 있는 안토니우스에 관해 말할 때, 그 이야기는 아마도 그를 공평하게 보여주지 못할 것입니다.

여러분의 편지를 받고, 저는 안토니우스와 가까이 있으면서 그와 좀 더 친밀했던 수도사 중 몇 사람들을 부를 수 있기를 희망했답니다. 그리하여 제가 그에 관해 어떤 것들을 더 알게 되어 여러분에게 더욱 완전한 이야기를 보낼 수 있도록 말입니다. 그러나 그때는 항해 철이 끝나가고 있어서 편지 전달자가 조급해했기 때문에, 저는 여러분의 경건을 위해 제 자신이 알고 있는 것과 안토니우스로부터 제가 배울 수 있었던 것을 서둘러 썼답니다. 저는 여러 번 안토니우스를 보았었고, 적지 않게 그의 수행원 역할을 했습니다. 저는 그의 두 손에 물을 부어주기도 했습니다. 이 모든 경우에 있어서 저는 사실에 기초할 것을 계속 염두에 두었습니다. 어떤 이가 너무 많은 것을 듣고 불신하지 않도록, 또는 반대로 어떤 이가 들어야만 하는 것을 덜 듣고 안토니우스를 경멸하지 않도록 말입니다.

안토니우스의 출생과 어린 시절

1. 안토니우스는 인종으로는 이집트인이었다. 그의 부모님은 좋은 가문 출신이었고, 상당한 부를 지녔었다. 부모님은 기독교인이었기 때문에 그 또한 기독교 신앙 안에서 양육되었다. 어렸을 때 그는 부모님과 함께 살았고, 부모님과 가정 외에는 아무것도 알지 못했다. 안토니우스가 자라 소년이 되고 나이가 들었을 때, 그는 공부하기를 견딜 수 없었다. 또한 다른 아이들과의 우정으로부터도 거리를 두기 원했다. 성경에서 야곱을 설명한 것과 같이창 25:27, 안토니우스가 가장 갈망한 것은 집에서 평범한 사람으로 사는 것이었다. 부모님과 함께 그는 교회에 출석하곤 했는데, 어린아이였을 때도 결코 경망스럽지 않았고 더 나이가 들었을 때도 부모님을 얕보지 않았다. 오히려 그는 어머니와 아버지께 순종했고 책에서 읽은 것에 주의를 기울여 그 내용 가운데 자신에게 유익한 것을 신중하게 마음에 새겼다. 비록 그는 상대적인 풍요로움 가운데 어린 시절을 보냈지만, 다양하고 비싼 종류의 음식을 요구해 부모님을 성가시게 하지 않았고, 먹을 것으로 즐거움을 찾지도 않았다. 다만 있는 것으로 만족했고 어떤

더한 것도 찾지 않았다.

2. 부모님이 돌아가신 후에 그는 어린 여동생과 함께 남았다. 당시 그는 18살에서 20살 정도 되었는데, 집과 여동생을 돌보아야 할 책임이 주어졌다. 부모님이 돌아가신 지 6개월도 채 되지 않은 어느 날, 그는 평소처럼 교회에 가고 있었다. 그는 걸어가면서 어떻게 사도들이 모든 것을 버리고 주님을 따랐는지, 사도행전에서 보듯이 사람들이 어떻게 가진 소유물을 팔아 그 돈을 궁핍한 사람들에게 나누어주기 위해 사도들의 발 앞에 가져다 내려놓았는지, 그리고 어떤 놀라운 소망이 그러한 사람들을 위해 하늘에 저장되어 있는지를 심사숙고하며 묵상했다. 이런 것들을 곰곰이 생각하며 그가 교회에 들어섰을 때, 마침 복음서가 읽히고 있었다. 안토니우스는 주님께서 부자 청년에게 말씀하시는 것을 들었다.

"네가 온전하고자 할진대 가서 네 소유를 팔아 가난한 자들에게 주라 그리하면 하늘에서 보화가 네게 있으리라 그리고 와서 나를 따르라"마 19:21

마치 하나님께서 거룩한 사람들의 마음에 안토니우스 자신을 넣어두어 그로 인해 그 구절이 읽히기라도

한 듯했다. 그는 곧바로 교회에서 나와 선대로부터 물려받은 소유물들을 마을 사람들에게 나누어 주었다. 이는 비옥하고 매우 훌륭한 300에이커의 경작지였다. 그리하여 그 재산이 더는 자신과 누이에게 방해물이 되지 않게 했다. 안토니우스는 나머지 동산도 팔아 많은 돈을 갖게 되자, 그것을 가난한 사람들에게 나누어 주었다. 그는 다만 자신의 누이를 위해 약간 보유했을 뿐이다.

안토니우스의 초기 금욕적 수도 생활

3. 안토니우스가 다시 교회에 갔을 때, 그는 복음서를 통해서 주님께서 말씀하시는 것을 들었다.
"내일 일을 위하여 염려하지 말라"마 6:34

그러자 그는 더는 머물러 있을 수가 없어서 밖으로 나가 남아 있는 것들도 모두 가난한 사람들에게 주었다. 자신의 누이를 존경받고 신실한 수녀들에게 위탁해 그녀가 수녀원에서 양육되도록 맡긴 후, 그는 마침내 집 밖에서 스스로 수행하는 데 몸과 마음을 바쳤다. 그는 자신을 잘 살피면서 인내로 자신을 훈련했다. 당시는 이집트에 아직 수도원이 그렇게 많이 있지 않았고, 어떤 수도자도 먼 사막에 대해 알지 못한 시절이었다. 자신을 스스로 살피기 원하던 사람들은 자신의 마을 근처에서 홀로 수행을 실천하곤 했다.

그때 옆 동네에 청년 때부터 은둔자의 삶을 살고 있었던 한 노인이 있었다. 안토니우스는 이 노인을 보고 나서 경건하게 그를 본떠 살기 시작했다. 처음에 그는 마을 밖에 있는 한 장소에 머물렀다. 그런 후에 어떤 열심이 있는 수행자가 어디에 있다는 소식을 들으면 그는 마치 지혜로운 벌처럼 그에게로 가서 그를 찾았다. 그리고 그 수행자가 자신을 만나 줄 때까지 결코 자기의 거처로 돌아오지 않았다. 그런 다음에는 그 수행자로부터 덕행의 길에서의 여행을 위한 양식을 얻은 듯이 뭔가를 배워서 자신의 거처로 돌아왔다.

그 장소에서 수행을 위한 첫 단계를 보내면서 그는 어떻게 자신이 부모님께 속했던 것들로 다시 눈을 돌리지 않을 것인지, 또한 어떻게 자신의 친족들을 기억하지 않을 것인지를 잘 생각해 보았다. 그가 지닌 모든 갈망과 에너지는 수행의 노력에 집중되었다. 그러나 그는, "누구든지 일하기 싫어하거든 먹지도 말게 하라" 살후 3:10라는 구절을 새기며 스스로 노동을 했고, 빵의

한 부분은 그가 먹고 다른 부분은 가난한 사람들에게 주었다. 그는 또한 다른 사람이 없는 데서 쉼 없이 기도하는 것이 필요하다는 걸 배운 이후로 끊임없이 기도했다. 안토니우스는 자신이 들은 것에 이토록 세심한 주의를 기울였기 때문에 성경으로부터 그 어떤 것도 그가 받아들이지 않은 것이 없었다. 그는 모든 것을 기억했고, 나중에는 그 자신의 기억이 책을 읽는 것 같이 그에게 도움이 되었다.

4. 이런 방식으로 자신을 인도하는 가운데 안토니우스는 모든 사람으로부터 사랑을 받았다. 그는 신실하게 자신이 방문했던 그 열성적 수행자들에게 순종했고, 또한 각 수행자가 지키던 열심과 금욕적 수행의 삶에서 어떤 것이 자신에게 있어서 유익한지를 신중하게 고려했다. 그는 어떤 이에게서는 친절함을 보았고, 또 다른 이에게서는 기도의 열성을 보았다. 어떤 이로부터는 성냄으로부터 자유로운 것에 대한 지식을 얻었고, 또 다른 이로부터는 사랑으로 가득 찬 온화함을 취했다. 어떤 이가 자신을 잘 살피는 삶을 살 때 그런 것을 주목했고, 또 어떤 다른 이가 연구하기를 추구할 때 그 점을 주시했다. 어떤 이의 인내에 있어서 감탄을

보냈고, 다른 이에게는 금식과 바닥에서 잠자기에 있어서 찬탄을 보냈다. 어떤 이로부터는 부드러움을, 그리고 다른 이로부터는 고통을 오래 견딤을 주의 깊게 바라보았다.

그는 그리스도를 향한 신심을 주목했고, 한편 모든 사람에게 생기를 불어넣는 상호적 사랑에 주목했다. 따라서 그가 자신의 수행 장소로 돌아올 때는 이런 덕으로 채워진 채 각각의 덕을 통합시키기 위해 노력하곤 했고, 자기 안에서 모든 덕을 습득할 수 있기를 열망했다.

동년배의 다른 수도사들 가운데서도 그는 경쟁적이지 않았다. 오직 하나의 예외로 그는 자신이 덕행의 성장에서 그 누구에게도 뒤지지 않아야 한다는 갈망을 갖고 있었다. 안토니우스는 그 누구의 감정도 상하게 하지 않고 그들이 자신에 대해 기뻐하도록 했다. 그래서 그의 마을 사람들과 그와 교제 가운데 있던 선한 사람들은 그가 이렇게 사는 것을 보면서 그를 "하나님께서 사랑하시는 사람"으로 부르곤 했고, 어떤 이들은 그를 "아들"로서, 또 다른 이들은 그를 "형제"로서 환대했다.

악마와의 싸움: 초기

5. 선한 것을 미워하고 시기하는 악마는 한 젊은이에게서 그런 결의를 보는 것을 견딜 수 없었다. 그래서 악마는 다른 이들을 거스르기 위하여 자신이 실행하던 것들을 안토니우스에게 이행하려고 애썼다. 먼저 악마는 안토니우스가 그의 수행에서 벗어나 일탈하도록 유도했다. 그 자신이 얼마나 부유했는지를 기억하라고, 누이를 돌보라고, 친족들과 유대를 이루라고, 돈과 영광을 사랑하도록, 식탁에서의 다양한 즐거움과 삶의 다른 여유로움을 맛보라고, 그리고 마침내는 덕이라는 게 얼마나 혹독한 것인지, 또한 그것을 획득하기 위하여 얼마나 큰 노력이 따라야 하는지에 대해 안토니우스에게 속삭였다. 악마는 또한 사람의 몸이 얼마나 허약한지, 수행하는 데 걸리는 시간이 얼마나 긴지를 말했다. 이렇듯이 악마는 안토니우스의 마음에 여러 가지 잡다한 생각을 자욱한 먼지처럼 일으켜 그의 의로운 결심을 차단하려고 했다.

그러나 그 대적자는 안토니우스의 굳은 결의에 직면하여 악마 자신의 약함을 보아야 했고, 자신의 적수의 억셈에 의해 나가떨어졌으며, 안토니우스의 놀라운 신앙에 의해 뒤집혀지고, 그의 끊임없는 기도에 걸려 넘어졌다. 이에 악마는 그의 자신감을 욕정이라는 무기에 걸고 자랑스러워했다. [왜냐하면 그 무기는 젊은이들에 대한 으뜸가는 매복 공격이기 때문이다.] 악마는 그 젊은이를 공격하여 밤에는 그를 방해하고 낮에도 그를 괴롭혔다. 이에 구경꾼들조차 악마와 안토니우스 둘 사이에 벌어지는 싸움을 볼 수 있을 정도였다. 한쪽이 더러운 생각을 부추기면, 다른 쪽은 기도로 그것에 맞섰다. 한쪽이 상대방을 욕정으로 불타오르게 하면, 다른 쪽은 얼굴을 붉히는 것 같으면서도 믿음과 기도와 금식으로 그의 몸을 요새로 만들어 버렸다.

이렇게 사면초가에 몰린 악마는 어느 날 밤 여인의 모습을 취하고 나타나 안토니우스를 속이기 위하여 여인의 온갖 몸짓을 흉내냈다. 그러나 안토니우스는 그리스도를 묵상하고, 그분을 통해 얻은 고결함과 영혼의 능력을 생각하면서, 그를 대적하는 자의 속임수의 불을 꺼버렸다. 다시금 그 적수는 쾌락의 안락함을 즐기도록 안토니우스를 부추겼다. 이에 안토니우스는 격노와 비애로 가득 찬 사람처럼 악마의 생각을 심판 불의 위협과 갉아먹는 벌레로 돌렸다. 이런 것들로 맞서면서 안토니우스는 손상을 입지 않은 채 그 유혹을 넘겼다.

이 모든 것이 그의 적에게는 수치의 근원이었다. 왜냐하면 자신을 하나님처럼 여기던 악마가 젊은 청년에 의해 조롱을 당했기 때문이었고, 또한 자신을 살과 피에 거스르고 있다고 자랑하던 그가 육체를 지닌 한 사람에 의해 뒤로 물러나게 되었기 때문이었다. 주님께서 안토니우스와 함께 일하고 계셨다. 사실 주님께서 우리를 위하여 육체를 취하시고, 육체를 가진 존재가 악마에 대항하여 승리를 거두도록 하셨던 것이다. 그리하여 진정으로 싸움을 치르는 모든 이들은 이렇게 말할 수 있다.

"내가 한 것이 아니요 오직 나와 함께 하신 하나님의 은혜로라" 고전 15:10

6. 마침내 그 용이 이런 책략으로 안토니우스를 굴복시킬 수가 없고 대신 스스로가 안토니우스의 내면으로부터 밀쳐짐을 보게 되자, 그는 [성경에 쓰여 있듯이] 자신의 이를 갈았다. 그러고서 그는 자신을 변형시켜 그의 마음의 색깔과 호응하는 형상을 취했으니, 어느 날 검은 소년의 모습으로 안토니우스에게 나

타났다. 안토니우스에게 계속 집착하면서, 악마는 더는 생각의 수단을 통해 공격하지 않았다. [왜냐하면 그 교활한 자는 이미 추방되었기 때문이다.] 이제는 인간의 목소리를 이용해 말하였다. "나는 많은 이들을 현혹하고 넘어뜨렸다. 그러나 내가 다른 많은 사람에게 그러했듯이 너와 너의 수행을 공격하고 있는데, 지금 나는 약해졌다."

이에 안토니우스가 물었다. "내게 이런 것들을 말하고 있는 당신은 누구인가?"

악마는 즉각적으로 가련한 고함을 내뿜으며 말했다. "나는 간음의 친구이다. 나는 젊은이들을 유혹하기 위해 일하고 복병을 배치하지. 나는 간음의 영으로 불리기도 하네. 신중하게 살고자 했던 많은 이들을 내가 얼마나 현혹시켜 왔는지 아는가! 자기 수행을 하는 이들을 내가 휘저을 때 얼마나 많은 그들이 내게로 넘어왔는지! 예언자가, '너는 음란한 마음에 미혹되어 하나님을 버리고 음행하였음이니라'호 4:12라고 타락하는 자들을 질책할 때 일컬어지는 바로 그 자이다. 그들이 걸려 넘어졌던 것은 바로 나의 장치들 때문이었다. 나는 매우 자주 너를 곤란에 빠뜨렸던 자이고, 그만큼 빈번히 너에 의해 전복당했다."

이에 안토니우스는 주님께 감사를 드리면서 그에게 대담하게 대답했다. "너는 많이 경멸당하도록 예정되어 있다. 왜냐하면 너는 마음이 검고 어린아이같이 약하기 때문이다. 이제로부터 너는 내게 어떤 걱정도 일으키지 못한다. 왜냐하면 주님께서 나의 도움이시고 내가 내 적들을 내려다볼 것이기 때문이다." 이 말을 듣자 그 검은 자는 움츠러들며 안토니우스에게 접근하는 것조차 두려워하며 즉각적으로 도망쳤다.

당시 안토니우스 삶의 세부 상황 (271-285년?)

7. 이것이 악마에 대한 안토니우스의 첫 번째 싸움, 더 정확히 말하면 안토니우스 안에서 이루어진 구세주의 승리였다. 그분께서는 율법의 규례가, 육체를 따라서가 아니라 영을 따라서 걷는 우리 안에 성취되도록 육체 안에서의 죄를 단죄하셨다. 비록 그 악한 자가 떨어졌어도, 안토니우스는 조심성이 없거나 거만해지지 않았다. 물론 그 대적자도 다 정복된 듯이 안토니우스를 상대로 덫을 놓기를 중단하지 않았다. 그는 다시 한번 공격할 기회를 찾는 사자처럼 어슬렁거리며

배회하고 있었다. 안토니우스는 악마의 장치들은 다양하다는 것을 성경으로부터엡 6:11 배웠기 때문에 열심히 수행하기를 계속하였다. 그는 비록 그의 대적이 육체적 쾌락을 무기로 자신을 기만할 정도로 강력하지는 않았지만, 분명히 어떤 다른 방법으로 자신을 옭아매기를 시도할 것이라고 알아차렸다. 왜냐하면 악마는 죄를 사랑하는 자이기 때문이다.

따라서 안토니우스는 더욱더 몸을 다스리면서 몸이 자신에게 복종하도록 유지했다. 그가 어떤 도전들을 이긴 후에 다른 것으로 걸려 넘어 쓰러지지 않도록 말이다. 그리하여 그는 삶의 더욱 엄격한 방식에 스스로가 익숙해질 수 있기를 계획했다. 많은 사람이 경이롭게 여겼으나, 그 자신은 그런 훈련을 문제없이 감당하곤 했다. 그 자신의 영혼 안에 있는 오랜 간절함이 그 안에서 좋은 기질을 형성했기 때문에 안토니우스는 다른 이들로부터 작은 제안을 받을 때도 커다란 열정으로 그것에 반응했다.

그는 종종 잠도 자지 않고 온밤을 지새울 정도로 철야기도를 지켰다. 이런 것을 자주 했으니, 다른 이들은 찬탄할 뿐이었다. 그는 하루에 한 번 해가 진 후에 식사를 했는데, 때로는 이틀에 한 번 식사했고, 더 자주는 나흘에 한 번 먹기까지 했다. 그의 음식은 빵과 소금이었고, 음료수는 오직 물이었다. 고기와 포도주에 대해서는 말할 필요조차 없겠다. 왜냐하면 그런 것은 다른 열심한 수도사들 가운데서도 발견되지 않기 때문이다. 잠을 자는 데에 있어서 돗자리면 그에게 충분했다. 그러나 그는 맨바닥에 더 자주 누웠고, 몸에 기름을 바르지 않았다. 그는 젊은이는 금욕적 삶을 본격적으로 지키면서 몸을 편안하게 하는 것들을 추구하지 않고, 몸을 고된 훈련에 길들여야 한다고 말했다. 안토니우스는 다음과 같은 사도 바울의 말을 염두에 두고 있었다.

"내가 약할 때 나는 강합니다." 고후 12:10

그는 영혼의 강한 정도는 육체의 즐거움이 약할 때 강하다고 말했다. 또한 금욕적 수도 생활에 관한 그의 기본 원리, 곧 덕행의 길이나 그 목적을 위한 세상으로부터의 분리는 걸린 시간에 따라서가 아니라 지망생의 열망과 합목적성에 의해 측정되어야 한다는 원리는 참으로 훌륭하였다. 그는 지나온 과거에 생각을 두지 않고, 날마다 날마다 마치 자신이 처음 수행을 시작하는 사람처럼, 진보해 가는 데에 더욱더 큰 노력을 기울였다. 종종 사도 바울의 "오직 한 일 즉 뒤에 있는 것은 잊어버리고 앞에 있는 것을 잡으려고 한다"빌 3:13 는 말을 스스로 되새겨보곤 했다. 또한 "주님께서 살아 계시고 그분의 현존 앞에 내가 오늘 서 있다"왕상 18:15 라는 예언자 엘리야의 말을 묵상하기도 했다. 여기서 "오늘"이라고 말할 때 그가 주시한 것은, 안토니우스가 지나간 시간을 헤아리지 않고, 다만 항상 처음을 세우는 사람으로서 날마다 자신을 하나님 앞에 드러낼 준비가 된 그런 사람으로서 준비하기 위해 그가 노력하였다는 것이다. 즉, 마음이 순결한 채 언제나 하나님의 충고와 오직 그분께만 자신을 바칠 준비가 된 사람 말이다. 그리고 그는 위대한 엘리야 예언자의 삶을 거울로 삼아, 수행자는 항상 자신의 삶을 들여다보아야만 한다고 말하곤 했다.

묘지에서의 안토니우스의 생활, 그리고 악마와의 싸움

8. 안토니우스는 이런 방식으로 각오를 단단히 하며 마을로부터 좀 떨어져 있는 곳에 있는 묘지로 갔다. 그

는 한 친구에게 부탁하여 정기적으로 자신에게 빵을 공급해 주도록 했다. 그는 한 무덤에 들어가 홀로 남았고, 그의 친구가 그 무덤의 문을 닫았다. 악마는 안토니우스가 오래지 않아 그 황야를 거룩한 수행으로 충만히 채울까 봐 걱정이 되어 더는 견딜 수가 없었다. 어느 날 밤 그는 악마의 군단을 데리고 안토니우스에게 다가와 무지막지하게 그를 채찍질하였다. 안토니우스는 그런 고문으로부터 말도 할 수가 없게 된 채 바닥에 나가떨어졌다. 안토니우스가 엄청나게 극심한 고통을 겪었기 때문에 사람이 가한 공격이라면 그런 극도의 고통을 줄 수 없었으리라는 걸 알 수 있었다.

그러나 하나님께서는 그분께 희망을 두는 사람들을 결코 그냥 버려두지 않으시기에, 그런 하나님의 섭리 안에서 안토니우스의 친구가 그다음 날 빵을 들고 그에게 왔다. 친구가 무덤의 문을 열고 들어갔더니 안토니우스가 마치 죽은 사람처럼 땅에 누워있는 것이 보였다. 그는 안토니우스를 들어 올려 마을에 있는 교회로 데리고 가서 그를 뉘었다. 그의 일가 사람들과 마을 사람들이 주검 둘레에 모이듯이 안토니우스 주변으로 몰려와 앉았다. 그러나 자정 무렵 안토니우스는 의식을 차려 일어나, 모든 사람이 잠들어 있고 오직 그의 친구만이 자신을 지키고 있는 것을 보았다. 안토니우스는 친구더러 가까이 오라고 동작으로 알린 다음, 다른 사람을 깨우지 말고 자신을 다시 무덤으로 옮겨 달라고 요청했다.

9. 그리하여 그는 다시 그 친구에 의해 무덤으로 옮겨졌고, 전과 같이 문이 닫혔다. 지난밤의 구타 때문에 그는 바로 서 있을 수가 없어 누운 상태에서 기도를 했다. 기도한 뒤 안토니우스가 소리쳤다.

"나 안토니우스가 여기 있다! 나는 너의 구타로부터 달아나지 않는다. 네가 내게 더한 공격을 할지라도 그 어떤 것도 나를 그리스도의 사랑으로부터 떨어지게 할 수 없을 것이다."롬 8:35

그리고 그는 노래를 불렀다. '한 군대가 나를 치려고 배치될지라도 나는 두렵지 않으리라.' 이런 것이 바로 이 수행자의 말과 생각이었다. 선한 것을 증오하는 그 원수는 그런 구타에도 상대가 다시 돌아왔다는 데에 놀랐다. 그는 자신의 졸개들을 불러 모아 분노를 터트렸다. "보아라, 우리는 간음의 영으로도, 채찍으로도 이 자를 멈추게 하지 못했다. 오히려 이 자는 우리에게 무례

하게 군다. 자, 이제 다른 방법으로 그에게 다가가자."

악마에게 있어서 악한 것의 형태를 변경하는 것은 쉬운 일이었다. 밤에 그들은 무덤 안에서 무언가 부서지고 무너지는 큰 소음을 일으켜, 그 장소 전체가 마치 지진에 의해 흔들리는 것 같았다. 악마들은 무덤의 네 벽을 뚫고 그것들을 통해 들어오는 듯이 보이며, 온갖 짐승들과 기어 다니는 파충류의 형태로 다가왔다. 갑자기 그곳은 사자들과 곰들과 표범들, 그리고 황소들, 독사들, 전갈들, 늑대들로 우글거리게 되었고, 그것들 각각은 자신들의 특성대로 움직이고 있었다. 사자들은 포효하며 공격하려는 듯했고, 황소들은 뿔들로 받아 던져버리는 듯했다. 뱀들은 몸부림을 치고 있었으나 다가오지는 못했고, 돌진해 오던 늑대들은 제어되었다. 그런 유령들의 소음과 맹렬한 기세는 공포스러웠다.

그것들에 의해 위협을 당하고 들들 볶여진 채 안토니우스는 신체적 고통을 더욱 극심하게 느꼈다. 그러나 그는 흔들리지 않는 영혼으로 다만 신체적 괴로움으로 신음하면서 누워 이를 지켜보았다. 안토니우스의 정신은 맑았고, 눈앞에 있는 것들을 조롱하는 듯이 말했다.

"너희들 가운데 만약 어떤 힘이 실제로 있다면, 너희 중 하나라도 내게 올 수 있을 것이다. 그러나 주님께서 너희들의 힘을 부수어버리셨기 때문에 너희는 그저 많은 수의 무리로써만 위협하려고 하지. 너희가 난폭한 짐승들의 형상을 그저 흉내 내고 있다는 것이, 너희에게 힘이 없다는 것을 말해주고 있어."

그는 다시 대담하게 이렇게 말했다. "만약 너희가 할 수 있다면, 그리고 나에 대해 권한을 받았다면 지체하지 말고 덤벼라. 만약 할 수 없다면, 왜 그렇게 헛된 것을 하며 나를 방해하느냐? 우리 주님께 대한 믿음은 우리에게 있어 보호하시는 벽이며 보증이니라."

이렇듯이 수많은 책략을 시도한 후에 그들은 안토니우스 때문에 이를 갈았다. 그들이 농락한 것은 안토니우스가 아니라 바로 그들 자신이었던 것이다.

10. 이런 상황에서 주님께서는 안토니우스가 싸움을 치르는 것을 결코 잊지 않으셨고 그를 가까이에서 도우셨다. 안토니우스가 위를 올려다보면 지붕이 열려있는 듯이 보였으며, 빛줄기가 그에게 내려왔다. 악마는 갑자기 사라졌고, 즉각적으로 몸의 고통이 그쳤다. 그 무덤 내부도 다시금 멀쩡하게 되었다. 안토니우스는

도움을 알아차리면서 다시 숨을 제대로 쉬고 고통으로부터 놓여진 채, 그에게 나타난 환영에게 간청하며 말했다. "당신은 어디에 계셨습니까? 당신은 왜 처음부터 저의 고통이 그치도록 나타나지 않으셨습니까?

그러자 한 목소리가 그에게 말했다. "안토니우스, 나는 여기에 있었단다. 그러나 나는 네가 싸우는 것을 보려고 기다렸지. 이제 네가 모든 것을 견디고 그것들에 패배하지 않았기 때문에 나는 영원토록 너의 도움이 되어 주겠다. 나는 모든 곳에서 네가 알려지도록 만들겠다."

이를 듣고서 안토니우스는 일어나 기도를 드렸다. 그는 큰 힘을 받게 되어, 그의 신체의 힘이 전보다 더 강해졌다는 것을 깨달았다. 그때 안토니우스의 나이는 약 35살이었다.

사막으로 가는 길가에서 유혹들을 이기다

11. 하나님께 대한 헌신을 한층 더 열망하게 된 안토니우스는 그 다음 날 무덤으로부터 나와, 앞서 언급된 바 있는 노인을 만나 그에게 사막에서 함께 지내자고 요청했다. 그 노인은 나이가 매우 많기도 하고, 또 당

시에는 그런 관습이 아직 없었기 때문에 거절하였다. 그러자 안토니우스는 즉시 산으로 출발했다.

대적은 안토니우스의 열성을 지켜보며 그것을 좌절시키기를 갈망하였다. 그리하여 악마는 다시 한번 더 그가 가는 길에 근사한 은접시 허깨비를 던져놓았다. 안토니우스는 선한 것을 경멸하는 자의 책략을 알고 있었기 때문에, 그 접시를 보며 그 안에 있는 악마를 수치로 던져 버렸다.

안토니우스는 말했다. "이런 황무지에서 접시라? 이것은 어디서 왔을까? 이 길은 아직 사람들이 다니는 길이 아니고, 아직 여행자들의 어떤 흔적도 없다. 이 접시는 크기 때문에 만약 그것이 떨어진 경우라면 그것을 모를 리가 없다. 설령 그런 경우라 하더라도 그것을 잃어버렸던 사람은 다시 돌아와 찾아다닐 것이고 그것을 발견했을 것이다. 왜냐하면 이곳은 사막이기 때문이지. 이것은 악마의 책략이야. 오 악마여, 너는 이런 것으로 나의 목적을 좌절시키지 못할 것이다! 이것과 함께 꺼져버려라!"

안토니우스가 이렇게 말하자마자, 악마는 불에서 나오는 연기처럼 사라졌다.

나일강을 건너 폐허가 된 요새를 거처지로 만들고 악마들을 굴복시키다: 여기서 20년 체류

12. 안토니우스는 계속해서 길을 가다가 이번에는 환영이 아닌 진짜 금이 길에 버려져 있는 것을 보았다. 원수가 그것을 보인 것인지, 또는 어느 더 훌륭한 권세가 수행자를 훈련하고 악마에게 그가 돈에 관심이 없는 자라는 걸 증명해 보여주기 위한 것인지 당시 안토니우스는 확실하지가 않았다. 이것에 대해 안토니우스가 말이나 글로 들려준 것이 없고, 우리도 답을 모른다. 그러나 아무튼 확실한 것은 그것이 금이었다는 사실이다. 안토니우스는 그 양에 놀랐지만, 그가 마치 불길을 지나고 있기라도 하듯이, 그것을 지나쳐가면서 돌아보지도 않았다. 정말로 그는 서둘러서 걸어갔으니, 곧 그 장소는 시야에서 사라졌고 더는 볼 수가 없었다.

점점 더 자신의 목표를 강화하면서, 안토니우스는 서둘러서 산을 향해 갔다. 강 너머로 버려진 요새 한 채가 있는 것이 보였다. 그곳은 오랫동안 비어 있었기 때문에 파충류 무리가 득실대고 있었다. 그는 그쪽으로 건너가 그곳을 자신의 거처로 삼았다. 파충류들은, 마치 누군가가 그것들을 쫓고 있는 듯이, 즉시 그 장소를 떠났다. 그러자 안토니우스는 출입구를 완전히 봉쇄시키고, 6개월 동안 식량으로 삼을 빵을 비축해 두었다. [테베 사람들은 이렇게 한다. 이 빵들은 보통 한 해 동안 상하지 않고 유지되기 때문이다.] 또한 마실 물을 안에서 발견하였기 때문에 그는, 마치 사원으로 들어가듯이, 요새 안으로 깊숙이 들어갔다. 안토니우스는 이곳에서 홀로 지내면서 결코 밖으로 나오지 않았고, 방문한 사람 중 그 누구도 만나지 않았다. 오랫동안 그는 이런 방식으로 수행을 계속했다. 그는 일 년에 두 번 지붕으로부터 빵을 공급받았을 뿐이었다.

13. 안토니우스가 사람들이 안으로 들어오는 것을 허락하지 않았기 때문에, 그의 지인들은 종종 그에게로 왔다가 밖에서 며칠을 보내다 돌아가곤 했다. 그들은 안으로부터 나오는, 군중들이 만들어 내는 것과도 같은 떠들썩한 소리를 듣곤 했다. 그 소음은 처량한 소리를 내며 다음과 같이 외치기도 했다. "우리 영역으로부터 꺼져버려! 도대체 너는 이 사막과 무슨 관련이 있단 말이야? 너는 우리의 공격을 견딜 수 없을걸!"

처음에 바깥에 있던 사람들은 어떤 남자들이 안에서 안토니우스와 싸우고 있다고 생각했다. 그 남자들이 사다리를 통해서 안으로 들어갔다고 생각했던 것이다. 그러나 그들이 구멍을 통해서 안을 들여다보았더니 아무도 보이지 않았다. 마침내 그들은 그 대적하는 자들이 바로 악마들이었다는 것을 알게 되었다. 그들은 두려워하면서 안토니우스를 불렀다. 그는 그들이 부르는 소리를 들었지만, 악마들을 두려워하지 않고 무시해 버렸다.

그는 문 가까이 가서 밖의 사람들에게 돌아가라고, 그리고 무서워하지 말라고 당부했다. 그는 말했다. "바로 이런 태도를 보면, 악마들은 헛것들을 만들고 겁쟁이들에게 그것들을 나타나게 하지요. 그러니까 십자가 성호를 긋고 담대하게 떠나시오. 악마들이 스스로를 조롱하도록 내버려 두시오." 그리하여 그들은 십자가의 표징으로 강화되어 그곳을 떠났다.

안토니우스는 악마들로부터 어떤 상처도 입지 않았고, 그들과의 싸움에서 결코 지치지도 않았다. 대적자들이 약했을 뿐만 아니라, 위로부터 그에게 내려오는 환영을 통한 도움은 그의 고역에 대해 많은 위로를 주고, 또한 더욱 큰 열심으로 그를 무장시켰기 때문이다. 그의 친구들이 정기적으로 방문하곤 하였는데, 그들은 안토니우스가 죽어있는 걸 발견할지도 모른다고 생각했다.

그러나 그들은 안토니우스가 노래하는 걸 들었다. "하나님께서 일어나시게 하자, 그분의 원수들이 흩어지도록 하자. 그분을 미워하는 자들이 그분 앞에서 도망하도록 하자. 연기가 사라지듯이, 그들이 사라지도록 하자. 밀랍이 불길에서 녹아버리듯이, 죄인들이 하나님의 현존으로부터 멸망하게 하자." 또한 다음과 같이 노래하기도 했다. "모든 민족이 나를 거슬러 포위했으나 주님의 이름으로 나는 그들에게 보복하였다."

안토니우스가 요새 생활을 마친 후, 그의 지도로 이집트 수도원 생활이 번영하게 되다

14. 거의 20년 동안 안토니우스는 은둔 수도자로서 홀로 수행하는 삶을 계속하였다. 그는 결코 밖으로 나가지 않았고, 좀처럼 다른 이들이 그를 볼 수도 없었다. 그러자 시간이 갈수록 많은 사람이 그의 수도 생활을 따라 하고자 하는 갈망과 의지를 갖게 되었다.

마침내 그의 어떤 친구들이 그가 있는 거처에 와서 그 요새의 문을 부수었다. 그리하여 안토니우스는 신적인 신비에 이끌려지고 하나님에 의해 고무된 채 마치 어떤 사원에서 나오듯이 바깥으로 나타났다. 요새 바깥에서 그를 보기 위해 왔던 사람들에게 안토니우스가 보여졌던 것은 그때가 처음이었다.

사람들이 안토니우스를 바라보았을 때 그들은 놀라움을 금치 못했다. 그의 몸은 이전 상태를 유지하고 있었으니, 운동 부족으로 살이 찌지도 않았고 금식과 악마들에 대한 투쟁으로 여위지도 않았다. 안토니우스가 요새로 물러나기 전 그들이 알고 있었던 바로 그 모습 그대로를 그들은 보았던 것이다.

안토니우스의 영혼의 상태는 흠과 티가 없이 순수했다. 그의 영혼은 슬픔으로 위축되지 않았고, 기쁨으로 느슨해지지도 않았다. 웃음이나 낙담에 좌우되지도 않았다. 그는 군중 가운데 있을 때도 방해받지 않았고, 수많은 사람으로부터 환대와 존경을 받을 때도 우쭐대지 않았다. 그는 완전한 평정을 유지했으니, 이성에 의해서 움직이며 본래 인간성에 항구하게 부합하는 사람으로 보였다.

주님께서는 그를 통해 신체적으로 고통을 겪고 있는 많은 사람의 병이 그가 가는 곳마다 치유되게 하셨다. 악한 영들에 시달리는 사람들을 정결케 하기도 했다. 또한 그분께서는 안토니우스에게 말을 하는 데 있어서 은혜를 베푸셨다. 그리하여 안토니우스는 사람을 잃어 애도하는 사람들을 위로했고, 서로 적대적인 사람들을 화해시켰다. 그는 모든 사람에게 세상에서 어떤 것도 그리스도께 대한 사랑보다 더 귀하게 여기지 말 것을 촉구했다. 그리고 그는 우리를 향한 하나님의 사랑, 곧 당신의 아들까지도 아끼지 않으시고 우리에게 내어주신 그분의 사랑과 우리를 위하여 다가오는 선한 것들을 기억하도록 그들에게 충고하면서, 많은 이들에게 은자적 수도 생활을 하도록 설득했다.

그리하여 그때부터 산에도 수도원, 즉 은자의 거처들이 생겼으며, 사막이 수도사들에 의해 그들이 사는 도시로 만들어졌다. 그들은 가족과 고향을 떠나 하늘나라 시민권 명부에 자신의 이름을 올린 사람들이었다.

15. 한번은 그가 아르시노에Arsinoë의 운하를 건너야 했다. 그가 수도사 형제들을 방문해야 했기 때문이다.

그런데 그 운하가 악어들로 우글거렸다. 그런데 안토니우스와 그를 수행하던 형제들이 기도를 하고 배를 타니 그들은 안전하게 운하를 건널 수 있었다. 자신의 거처로 돌아와서 그는 똑같은 방식으로 거룩하고 능동적인 수행을 계속했다. 빈번한 대화를 통해 그는 이미 수도사가 된 형제들의 결의를 강화시켰고, 다른 사람들을 수행의 삶을 갈망하도록 고무시켰다. 그리하여 오래지 않아 그의 설득력에 이끌려서 수많은 은자의 거처들이 생겨났고, 안토니우스는 아버지와 같이 그들을 인도했다.

수도사들에 대한 훈계와 격려

16. 어느 날 모든 수도사가 안토니우스에게로 모였고, 그가 그들을 만나러 나갔을 때 수도사들은 그에게 말씀을 청하였다. 그리하여 안토니우스는 다음과 같이 이집트 언어인 콥트어로 그들에게 설교했다.

"성경은 가르침에 있어서 충분합니다. 그러나 우리가 신앙 안에서 서로서로 격려하는 것이 좋은 일입니다. 이제 여러분들은 자신들이 아는 것을 말하면서 그것을 자녀와 같이 아버지에게로 가져옵니다. 나는 여러분의 원로선배로서 내가 알고 있는 것과 내 경험의 열매들을 나누겠습니다. 무엇보다 먼저, 용기를 잃지 맙시다. 우리가 시작했던 것을 '이미 오랫동안 수행을 해 왔다'라고 말하면서 포기하지 않도록 한결같은 열심을 다 함께 지켜갑시다. 오히려, 마치 매일 새로 시작하는 것처럼, 우리의 헌신을 증가시켜 나가기로 합시다.

다가올 시기와 비교하여 볼 때 인간의 전 생애란 매우 짧고, 따라서 우리의 시간은 영원한 삶과 비교할 때 아무것도 아닙니다. 세상의 모든 것은 그 값으로 팔리고 사람들은 어떤 것 하나를 그와 동등한 것으로 교환합니다. 그런데 영원한 삶에 대한 약속이 하찮은 값으로 팔립니다. 다음과 같은 말도 쓰여 있습니다. '우리 인생은 70년이고 기운이 좋으면 80년이다. 그러나 이 날들보다 더 많은 것이 노동과 수고이다.' 따라서 우리가 80년의 생애를 살 때, 또는 수행을 하면서 100년을 살 때, 이 100년은 우리가 다스릴 햇수와 동등한 것은 아닙니다. 왜냐하면 우리는 100년이 아니라 영원히 다스릴 것이기 때문입니다. 우리는 이 세상에서 싸움을 치렀지만, 이 세상에서 상속을 받지는 않을 것입니다.

우리의 약속은 하늘에서 이루어집니다. 그때 썩어 없어질 몸을 벗어버리고, 우리는 썩지 않는 몸을 받게 됩니다.

17. 그러므로 자녀들이여, 낙담하지 않도록 합시다. 시간이 너무 길다거나, 또는 우리가 하는 것이 굉장하다고 생각하지 않도록 합시다. 왜냐하면 이 세상의 고통은 우리에게 드러날 영광과는 비교될 가치도 없는 것이기 때문입니다.롬 8:18 세상을 보면서 우리가 어떤 굉장한 것들을 포기했다고 생각하지 않도록 합시다. 왜냐하면 온 세상조차도 하늘 전체와 비교할 때 아주 작기 때문입니다. 우리가 이 세상 모든 것의 주인이었다가 그 모든 것을 포기한 일이 있을지라도, 그런 것은 하늘 왕국과 비교할 때 아무것도 아닐 것입니다.

마치 어떤 사람이 황금으로 된 100드라크마를 얻기 위해 구리로 된 1드라크마를 무시하는 것처럼, 이 세상의 지배자가 그것을 포기한들 그는 별로 잃는 것이 아닙니다. 왜냐하면 그는 백 배나 더 받을 것이기 때문입니다.

온 세상이 하늘과 비교될 수 없는 가치를 갖고 있다면, 몇 에이커 땅을 포기한 사람은 사실상 아무런 것도 포기한 것이 아닙니다. 설령 그가 집이나 상당한 부를 포기했을지라도, 그는 자랑하거나 태만해질 아무런 이유가 없습니다. 우리가 덕의 길을 추구하면서 이런 것들을 버리지 않는다면, 나중에 우리가 죽을 때 결국 이것들을 남기고 떠날 것을 깨달아야 합니다. 전도서가 상기시키듯이, 그런 것들은 종종 우리가 원하지 않는 이들에게 돌아갑니다. 그렇다면 왜 우리는 덕을 목적으로 그것들을 포기해서는 안 되겠습니까? 그리하여 우리가 그 나라의 왕국까지도 물려 받을 수 있도록 말입니다. 우리 가운데 그 누구도 소유에 대한 갈망조차 갖지 않도록 합시다. 우리가 결국은 데리고 가지 못할 이런 것들을 소유하는 데서 무슨 이득이 있겠습니까?

그 대신 우리가 데려갈 수 있는 것들을 소유하면 어떻겠습니까? 그런 것들은 바로 신중한 분별, 정의, 절제, 용기, 이해, 사랑, 가난한 사람들에 대한 관심, 그리스도께 대한 믿음, 성냄으로부터의 자유, 환대와 같은 것들입니다. 우리가 이런 것들을 소유하고 있다면, 우리는 온유한 사람들이 거하는 그 땅에서 그것들이 이미 우리를 환대하기 위하여 일하고 준비하고 있었다는 것을 발견하게 될 것입니다.

18. 이런 생각을 가지면서 우리 각자가 부주의하게 되지 않도록 노력합시다. 특별히 우리가 자신들을 주님의 종으로 여긴다면 말입니다. 종이 주인의 뜻을 실천하는 것이 마땅합니다. 종은 감히 다음과 같이 말하지 않습니다. '내가 어제 일했기 때문에 오늘은 일하지 않으렵니다.' 그는 또 지난 시간을 따져보면서 미래의 날들에 대해 긴장을 풀지도 않습니다. 그러나 복음서에 쓰여 있듯이, 그는 날마다 자신의 주인을 기쁘게 하기 위해, 또한 위험을 피하고자 한결같은 열심을 보입니다.

따라서 우리도 우리의 수도 생활에서 날마다 굳게 머물러 있도록 합시다. 우리가 하루라도 해이해진다면 주님께서는 지난날의 행위를 근거로 우리를 용서하지 않을 것이고, 우리의 태만 때문에 분노하실 것입니다. 우리는 에스겔에서 이런 것을 이미 들었습니다겔 18:26. 또한 우리는 유다의 경우에서도 그가 어떻게 자신이 지난날 쌓아 올렸던 것을 하룻밤에 파괴했는지 보았습니다.

19. 그러므로 나의 자녀들이여, 우리의 수행을 굳게 쥐도록 하고 부주의해지지 않도록 합시다. 우리는 이

길에서 우리의 협력자로 주님을 모시고 있습니다. '하나님께서는 선을 선택한 모든 이와 함께 선을 위하여 일하십니다'라고 쓰여 있기도 합니다. 우리가 태만해지지 않도록 바울 사도의 말을 주의 깊게 생각하는 것도 좋을 것입니다.

'나는 날마다 죽어 갑니다.' 고전 15:31

사람들이 날마다 죽는 것처럼 우리가 그렇게 산다면, 우리는 죄를 저지르지 않을 것입니다. 그 말의 핵심은 이렇습니다. 즉, 우리가 매일매일 소생할 때, 우리가 밤까지 생존하지 않으리라고 여기자는 것입니다. 또한 우리가 잠잘 것을 준비할 때, 우리가 깨어나지 않으리라고 여기자는 것입니다.

우리의 삶은 본래 불확실하고, 섭리에 의해 매일매일 우리에게 배분됩니다. 우리가 이렇게 생각한다면, 그리고 이런 방식으로 하루하루를 살아간다면, 우리는 죄를 짓지 않을 것입니다. 어떤 것에 대한 욕망도 없고, 다른 사람에 대해 원한을 품지도 않을 것입니다. 이 세상에 우리의 보물을 쌓아두지도 않을 것이고, 날마다 죽고 있음을 바라보는 사람들이 그러하듯이 소유로부터 자유롭게 될 것입니다. 그리고 우리는 모든 사람에 대해 모든 것을 용서할 것입니다. 여인에 대한 욕망이나 다른 육체적 즐거움을 우리가 단순하게 제어할 수는 없을 것입니다. 그보다는 긴 세월토록 싸움을 치르면서, 그리고 심판날을 바라보면서 우리는 현세를 바라보는 태도로부터 돌아서게 될 것입니다. 왜냐하면 보다 더 큰 두려움과 고통의 위험은 언제나 쾌락의 달콤한 유혹을 부수고 타락하는 영혼을 일으켜 세우기 때문입니다.

20. 따라서 이미 시작하여 덕virtue의 길을 가고 있으니, 앞에 놓인 것을 향하여 앞으로 힘차게 나아갑시다. 롯의 부인이 그러했듯이, 그 누구도 뒤를 돌아보는 일이 없도록 합시다. 특별히 주님께서도 말씀하셨습니다. '그 누구든지 쟁기에 손을 대고서 뒤를 돌아보는 사람은 하나님 나라에 적합하지 않다.'눅 9:62 뒤를 돌아본다는 것은 그저 후회한다는 것을 넘어 세상의 것을 한 번 더 생각한다는 것입니다.

한편 덕에 관하여 듣는 것을 두려워 마십시오. 또한 덕에 있어서 이방인이 되지 마십시오. 덕이란 우리로부터 멀리 떨어져 있는 것이 아니고, 우리 자신의 외부에 있는 것도 아닙니다. 덕의 실현은 우리 안에 있는 것이고, 우리가 그것을 의도하기만 한다면 그 일은 쉽습니다. 그리스인들은 교육을 받기 위해 고향을 떠나고 바다를 건너기도 합니다. 그러나 우리가 하나님 나라를 얻고자 외국으로 갈 이유가 없고, 덕을 위해 바다를 건널 필요도 없습니다. 주님께서는 이미 우리에게 말씀하셨습니다. '하나님 나라는 너희 가운데 있다.'눅 17:21 그렇다면 덕이 필요로 하는 것은 우리의 자발성입니다. 그것이 우리 안에 있고 우리로부터 일어나기 때문입니다.

덕은 본성상 영혼이 그것의 지성적 부분을 유지할 때 존재합니다. 영혼은 그것이 처음 만들어진 대로 남아있을 때 본성에 따라 굳게 유지됩니다. 영혼은 아름답고 완전히 곧게 창조되었지요. 바로 이런 이유로 눈의 아들 여호수아가 백성들에게 훈계할 때 다음과 같이 말했습니다. '너희 마음을 이스라엘의 주 하나님을 향하여 곧게 하여라'.수 24:23 세례 요한도 이렇게 촉구하였습니다. '너희의 길을 곧게 만들어라.'마 3:3 영혼에 관한 한, 그것의 강직함은 창조된 대로 그 본성에 따라 있는 지성적 부분에 근거하는 것입니다. 그러나 영혼이 그것의 길로부터 벗어나 본질인 것으로부터 멀어져 일그러질 때, 바로 그때 우리는 영혼의 사악함에 대해 말하게 됩니다. 그러므로 덕을 실현하는 일은 어렵지 않습니다. 우리가 창조된 대로 남아 있다면, 우리는 덕 가운데 있습니다. 그러나 우리 생각이 경멸을 받을 만한 것들로 향한다면, 우리는 악으로 드러나는 것입니다.

덕을 실현하는 일이 구해서 얻을 수 있는 외부적인 것에 좌우된다면, 그 일은 정말로 어려울 것입니다. 그러나 그 문제는 바로 우리 안에 있는 것이므로, 우리 자신을 추잡한 생각들로부터 보호합시다. 또한 우리의 영혼은 하나님을 신뢰하도록 지어졌으니, 우리의 영혼이 주님을 향하도록 보존합시다. 그러할 때 그분께서는 영혼을 만드셨던 때와 같은 것으로서 그분의 일을 인식하실 수 있을 것입니다.

21. 분노가 우리를 다스리지 않도록, 또한 욕망이 우리를 압도하지 않도록 분투합시다. 왜냐하면 다음과 같은 것이 쓰여있기 때문입니다. '사람의 분노는 하나님의 의로움을 행할 수 없다. 욕망이 싹틀 때 죄를 낳는다. 그것이 완전히 자라면 죽음을 초래한다.'

그러므로 이러한 방식으로 우리의 삶을 이끌어가면

서 주의 깊게 살피기를 쉼 없이 합시다. 성경에서도 말합니다. '우리가 우리의 마음을 경계함으로써 지키게 하소서.'잠 4:23 우리는 끔찍하고 지독한 적들, 곧 악한 마귀들을 대하고 있으니, 우리의 싸움은 바로 이들에 대항하는 것입니다. 사도 바울도 말했습니다. '우리의 전투는 살과 피에 대항함이 아니며 권력과 권세에 대항함이며 이 어두운 세계의 지배자들과 하늘에 있는 사악한 영적 세력에 대항하는 것입니다.'엡 6:12

악한 마귀들의 무리가 우리를 둘러싸고 있는 공기 중에 가득하고 그들은 우리로부터 멀리 있지 않습니다. 그러나 그들 사이에는 큰 차이가 있습니다. 그들의 성격과 차이에 관해 말한다는 것은 몹시 장황할 것이고 우리보다 더 위대한 수행자들을 위한 논의가 될 것입니다. 현재로서 우리에게 중요하고 필요한 것은 우리를 거스르는 그들의 사악한 속임수를 아는 것입니다.

22. 따라서 첫째로 우리는 다음의 것을 이해해야 합니다. 악마들은 사실 우리가 지금 '악마'로 부르는 그런 존재로서 창조되지 않았다는 것입니다. 왜냐하면 하나님께서는 그 어떤 나쁜 것도 만들지 않으셨기 때문입니다. 그들은 선한 것으로 창조되었지만 천상적

지혜로부터 떨어져서, 그 후로 지상 세계를 배회하게 되었습니다. 그들은 헛것을 통해 그리스인들을 기만하기도 했습니다. 또한 우리 그리스도교인들을 시기하여 모든 것을 방해함으로써 천상으로 향하는 우리의 여정을 좌절시키기를 갈망합니다. 그렇게 하여 우리가 그들 자신이 떨어져 나온 바로 그곳으로 오르지 못하도록 하기 위함입니다.

그러므로 많은 기도와 금욕적 수행이 요구됩니다. 이로써 성령을 통해 더러운 영들을 구별하는 은사를 받은 사람은 그것의 특징들을 알 수 있을 것입니다. 예를 들자면, 그것 중 어떤 것이 덜 사악한지, 또는 더 사악한지를, 그들 각각은 어떤 목적을 가지고 스스로 영향력을 행사하는지, 그리고 그 각각의 영이 어떻게 전복당하고 쫓겨날 수 있는지 등에 관한 것입니다. 그들의 사악함과 음모에서 나오는 행동들은 수없이 많습니다.

그 복된 사도와 그의 추종자들은 이런 것들에 대해 알고, 이렇게 말한 바 있습니다. '우리는 그의 장치들에 대해 무지하지 않습니다.'고후 2:11 우리는 그들로부터 겪었던 유혹을 토대로 우리 각자를 그것들로부터 떨어지도록 하여 바른길에 세워야만 합니다. 따라서 나는 그 악한 영들로부터 겪은 것을 나누기 위해 나의 자녀들인 여러분에게 말합니다.

23. 악한 영들은 그리스도인들, 특히 기쁘게 수행하면서 전진해가는 수도사들을 먼저 공격하고 유혹합니다. 수행자들이 나아가는 길에 장애물들을 놓으면서 말입니다. 그들이 놓은 장애물들은 악한 생각으로 이루어집니다. 그러나 우리는 그들의 부추김을 두려워할 필요가 없습니다. 우리가 기도하고 금식하며 주님께 대한 신앙을 지킬 때, 그들은 즉시 꺾여집니다. 그러나 그들은 실패한 후에도 결코 멈추지 않습니다. 사악함과 교활함으로 다시 접근합니다. 그들은 상대의 마음을 자극적이고 더러운 쾌락으로 기만할 수 없을 때, 다시 다른 공격을 시도합니다. 환영을 만들거나 자신을 변형시켜 여인으로 둔갑하거나 동물, 파충류, 거대한 몸을 가진 생물체들과 수천 명의 군인 시늉을 하며 상대의 마음을 겁먹게 합니다.

그럼에도 우리는 그들의 환영을 두려워할 필요가 없습니다. 특별히 우리가 자신을 믿음과 십자가로 강화시킨다면, 그것들은 아무것도 아니며 재빨리 사라집니다. 분명히 그들은 아주 뻔뻔하고 어떤 부끄러움도 없습니다. 패배하면 그들은 그저 다른 방법으로 다시 공격할 뿐입니다. 하나님 말씀을 받아 전하는 척하기도 하고, 다가올 어떤 것을 내다보는 척도 합니다. 그들은 지붕처럼 크게 보이기도 하고, 광대하게 넓어 보이기도 합니다. 그리하여 그들은 '생각'을 통해 미혹할 수 없는 사람들을 '환영'을 이용하여 교묘하게 낚아채려 합니다. 만일 그들이 이렇게 해도 상대 영혼이 신앙에 확고하고 희망에 찬 목표를 유지하고 있음을 발견하면, 그들은 자신의 우두머리를 나서게 합니다."

24. 안토니우스는 계속했다.

"흔히 그들은 악마와 같이 나타납니다. 주님께서 다음과 같이 말씀하시며 욥에게 드러내셨듯이 말입니다. '그의 눈은 새벽별처럼 보인다. 그 입으로부터 타오르는 램프가 나아가고 불 난로가 던져진다. 그의 콧김으로부터 석탄불로 타오르는 용광로의 연기가 빠져 나아간다. 그의 숨은 살아있는 석탄이고, 불길이 그의 입으로부터 나아간다.'욥 41:18-21 앞서 말했듯이 악마들의 왕자가 이런 형태로 나타날 때, 그 기만하는 자는 엄청난 말들을 뱉으면서 공포를 줍니다.

주님께서는 다음과 같이 말씀하시면서 욥에게 그자에 대해 묘사하셨습니다. '그는 쇠를 지푸라기처럼 간주하고, 놋을 썩은 나무처럼 여긴다…. 그는 바다를 기름병처럼, 깊은 나락을 사로잡힌 자 같이, 심연을 포장된 길로 여긴다.'욥 41:27, 31-32 그리고 그 원수는 예언자를 통하여 다음과 같이 말하였습니다. '나는 좇아갈 것이다. 나는 능가할 것이다.'출 15:9 다른 예언자를 통해서는 이렇게 말합니다. '나는 내 손으로 온 세계를 내 둥지로 만들 것이다. 나는 그 모든 것들을 남겨진 알들인 양 취할 것이다.'사 10:14

한마디로 말하면, 그들은 이런 종류의 주장으로 스스로를 과시하고, 신실한 사람들을 기만하기 위하여 그런 말들을 공언합니다. 그러나 다시 말하건대, 우리 신실한 사람들은 그가 어떻게 나타나든지 두려워할 필요가 없습니다. 그의 말들도 걱정할 필요가 없습니다. 왜냐하면 그는 거짓을 말하기 때문입니다. 무엇이든 그는 진실을 말하지 않습니다. 비록 그가 수많은 것들을 말하고 자신만만할지라도, 신경 쓰지 마십시오. 그 용과 같이 그자는 구세주에 의해 갈고리로 당겨졌습니다.욥 41:1 짐을 나르는 짐승처럼 그의 코에는 고삐가 채워졌습니다. 도망자처럼 그의 콧구멍에는 고리가 채워졌고, 그의 입술은 쇠고리로 박혀졌습니다. 또한 그는 참새처럼 우리의 조롱을 받기 위해 주님에 의해 속박당했습니다. 전갈이나 뱀과 같이 그와 그의 졸개 악마들은 우리 그리스도인들의 발아래 밟히기 위해 깔렸습니다. 이런 것들에 대한 증거는 우리가 그를 대적하며 자신의 삶을 이끌고 있다는 것을 보여줍니다. 바다를 말리겠다고, 또한 세상을 사로잡겠다고 위협하던 그자는 이제 자신이 여러분들의 금욕적 수행을 방해할 수 없다는 것을, 또한 그를 대항하는 나의 말들조차 가로막지 못한다는 것을 주목하고 있습니다.

그러므로 그자가 무슨 말을 하든 주목하지 않기로 합시다. 그는 거짓을 말합니다. 그의 환영에도 두려워하지 맙시다. 그런 것들도 기만에 지나지 않습니다. 그들 안에서 드러나는 것은 참된 빛이 아닙니다. 오히려, 그것들은 그들을 위해 준비된 불심판의 전조이기도 하고, 그것과도 흡사합니다. 그런 요소들 안에서 그들은 머지않아 먹혀들 것인데, 그것들을 통해 그들은 인류를 겁주고 있습니다. 의심할 여지 없이 그들은 나타납니다. 그러나 즉시 사라지고, 비록 그들이 불같은 것을 지니고 나타나지만, 신실한 사람 중 그 누구도 해칠 수 없습니다. 그 불은 그들을 삼킬 것입니다. 따라서 그들을 무서워할 필요가 없습니다. 그리스도의 은혜에 의해 그들이 추구하는 모든 것들은 헛된 것으로 드러납니다.

25. 다시 한번 말하지만, 그들은 기만적이고 온갖 형상으로 변형될 준비가 되었습니다. 그들은 형상으로 나타나지 않을 때는 자주 성스러운 노래를 부르는 척 합니다. 성경의 말들을 인용하기도 합니다. 때때로 우리가 독서를 할 때 우리가 읽었던 똑같은 내용을 그들은 마치 메아리같이, 금방 반복적으로 말할 수 있습니다. 우리가 잠을 잘 때, 그들은 기도하라고 우리를 깨웁니다. 이런 것을 쉼 없이 하기 때문에 우리는 거의 잠잘 수 없게 됩니다. 그들이 스스로 수도사로 가장할 때, 신실한 사람처럼 말하는 시늉을 합니다. 이런 유사함에 의하여 그들은 속일 수 있는 것이며, 그런 후 그들이 구슬렸던 사람들을 자기들이 원하는 곳으로 끌고 갑니다.

그들이 기도 때문에 여러분들을 깨울지라도, 그들에게 주의를 기울여서는 안 됩니다. 아무것도 먹지 말라고 충고해도 듣지 마십시오. 때로는 그들이 비난의 화살을 겨누는 척해도, 또한 어떤 행동에 관해 한 번은 우리를 변명해 주고 다른 때는 책망을 해도 주의를 기울이지 마십시오. 그들이 이런 짓을 하는 것은 경건함이나 진리를 위해서가 아닙니다. 그들은 단순한 이들을 절망으로 이끌고자 합니다. 또한 그들은 수행이 소용없다고 선포하고 싶어 합니다. 그들은 수도사들이 은자적 수행의 삶을 부담스럽고 매우 억압적인 것으로 여겨 진저리를 치게 만들고자 합니다. 많은 어려움에도 불구하고 그들은, 수행의 길을 가는 사람들을 가로막기를 원하는 것입니다.

26. 주님께서 보내신 어떤 예언자는 다음과 같이 말하면서 그런 존재를 비참한 자라 일컬었습니다. '자신의 이웃에게 파멸의 잔을 건네는 자에게 화가 있으리라.' 합 2:15 그런 행위들이나 생각들은 덕으로 이끄는 길에서 파괴적이기 때문입니다. 주님께서도 악마들이 진리[그들은 정말로 '당신은 하나님의 아들이십니다'라고 말했습니다.]를 말할지라도 여전히 그들을 침묵하도록 하시고 말을 하지 못하도록 막으셨습니다. 왜냐하면 그자들이 자신들의 악에 진리를 뿌리지 않을

것이기 때문입니다. 나아가 그분께서는 우리가 그런 것들에 주의를 기울이지 않도록 훈련시키고자 하셨습니다. 그자들이 비록 진리를 말할지라도 말입니다. 거룩한 성경을 지니고 구세주께서 주신 자유를 지닌 우리가 악마에 의해 가르침을 받는 것은 합당치 않습니다. 악마는 그 자신의 서열을 지키지 않았고, 그 마음의 지향을 원래 것에서 다른 것으로 돌려버렸던 자입니다.

이런 이유 때문에 그가 성경에 기초한 말들을 할 때에도 주님께서는 그를 중지시키셨습니다. 하나님께서 그 죄인에게 말씀하셨다. '왜 너는 내 계명들을 선포하느냐? 왜 너의 입으로 내 계약을 운운하느냐?'시 49:16 악마들이 말하고 행하는 모든 것은 큰 혼란을 초래합니다. 그들은 자신들을 드러내지 않고 다른 이들인 체합니다. 또한 그들은 소란을 일으킵니다. 이런 모든 것은 단순한 이들을 속이기 위해서입니다. 그들은 또한 우당탕하는 소리를 내고 미친 듯이 웃으며 야유를 퍼붓습니다. 그러나 우리 각자가 그들에게 주의를 기울이지 않으면, 그들은 울부짖고 정복된 자들처럼 슬퍼합니다.

27. 따라서 하나님께서 하시듯 주님께서도 악마들을 침묵하게 만드셨습니다. 그러나 성자들로부터 우리가 배우듯이, 우리는 그 성자들이 행동한 대로 행하고 그들의 용기를 본떠야 마땅합니다. 이런 것을 볼 때 그들은 말하곤 합니다. '죄인이 내 앞에 섰을 때 나는 말을 삼갔다. 그래서 좋은 말을 하지 못하고 침묵을 지켰다.' 또는 이렇게도 말합니다. '나는 귀머거리처럼 듣지 못하였다. 나는 벙어리 같이 입을 열 수가 없었다. 나는 듣지 못하는 사람처럼 되었다.'

따라서 우리는 그들을 이방인들처럼 대하며 그들에게 어떤 주의도 기울이지 않기로 합시다. 그들이 기도에 대해 또는 단식에 관해 말하기 위해 우리를 깨우는 때에도 그들에게 순종하지 맙시다. 그 대신, 우리 자신이 수행하는 고유의 목적에 헌신하도록 합시다. 그들이 교활하게 온갖 것을 할지라도 그것들에 의해 다른 길로 빠지지 않도록 합시다. 그들이 우리를 공격하는 것 같고 죽음으로 우리를 위협할지라도 그들을 두려워해서는 안됩니다. 왜냐하면 그들은 약하게 하고 위협하는 것 이외에는 아무것도 할 힘이 없기 때문입니다.

28. 나는 지금까지 지나가는 말로 이 문제를 말해왔습니다. 그러나 이제 그들에 관해 더 자세한 설명을 하기를 주저하지 않겠습니다. 왜냐하면 여러분이 그런 것들을 기억하도록 하는 것은 안전함의 근원이 될 것이기 때문입니다.

주님께서 우리와 함께 이 세상에 머무셨기 때문에 대적은 전복되었고 그의 권세는 약해졌습니다. 이 때문에 비록 그가 아무것도 할 수 없지만, 그럼에도 권좌에서 떨어진 폭군과 같이 그는 조용히 있을 수 없습니다. 그리하여 오직 말뿐이지만 위협을 일으키는 것입니다.

여러분 모두가 이 점을 고려하도록 합시다. 그리하면 우리는 악마들을 개의치 않으며 대처하도록 힘을 부여받을 것입니다. 만약 그들이 우리가 가진 육신의 몸을 갖고 있다면 그들은 다음과 같이 말할 것입니다. '우리는 숨어 있는 사람들을 찾을 수 없다. 그러나 우리가 그들을 찾으면 우리는 상해를 가할 것이다.' 그러나 그때는 그들을 거슬러 문들을 잠그고 숨어있을 것이기 때문에 우리는 그들을 피할 수 있을 것입니다. 그들이 잠겨진 문으로도 들어올 수 있는 힘을 갖고 있을지라도, 그들이나 그들의 우두머리 악마 모두가 대기 중 어디에서나 맞닥뜨려질지라도, 또한 그들이 악의를 갖고 해로운 일을 저지르려고 할지라도, 구세주께서 말씀하셨듯이 '악의 아버지 격인 악마는 처음부터 살인자'요 8:44임에도 불구하고, 우리는 이제 그에 대항하면서 우리의 삶을 살고 있고 또 진정 그렇게 이끌어가고 있습니다. 그들이 어떤 힘도 가지지 못한 것은 분명합니다! 장소가 그들의 음모를 방해하지는 못합니다. 게다가 그들은 우리에게 자비를 보여주기 위해 우리를 친구로 여기지도 않습니다. 또한 그들은 개선될 의도를 가진, 선을 사랑하는 자들도 아닙니다. 그들은 악입니다. 그들은 덕을 사랑하고 하나님을 영광스럽게 하는 사람들에게 상해를 가하기를 가장 갈망합니다. 그러나 그들이 행동으로 옮길 힘이 없기 때문에, 위협하는 것을 제외하고는 아무것도 할 수가 없습니다. 만약 그들이 그럴 힘을 갖고 있다면, 그들은 지체하지 않을 것이고 즉시 악을 행사할 것입니다. 그들이 지닌 성향은 악, 특히 우리를 겨냥하는 악입니다. 여기에 모인 우리가 그들을 거스르는 말을 하고 있다는 걸 주목하십시오. 우리가 앞으로 나아갈 때 그들은 자신이 약해진다는 것을 알고 있습니다. 그들이 진정으로 권위를 가지고 있다면, 그들은 우리 그리스도인들 가운데 누구도 살아남도록 허락하지 않을 것입니다. 왜냐하면 경건함이란 죄인에게 있어서 질색이기 때문입니다집회 1:25. 그러나 그들은 무력하기 때문에 스스로 상처를 입을 뿐입니다. 그들은 자신들이 위협하는 것을 실행할 능력이 없습니다.

우리가 그들을 더 이상 두려워하지 않기 위해, 다음의 것을 숙고해야 합니다. 만약 능력이 그들의 것이라면, 그들은 큰 무리를 이루어 오지 않을 것입니다. 환영을 만들지도 않을 것입니다. 모습을 변형시켜 사기를 치지도 않을 것입니다. 오직 하나가 와서 그가 할 수 있고 하고자 하는 것을 실행하는 것으로 족할 것입니다. 실제로 힘을 소유한 이들은 환영을 통해 파괴시키지 않습니다. 큰 무리를 통해 두려움을 일으키지도 않습니다. 다만 그가 원하는 대로, 직접 힘을 행사합니다.

그러나 악마들은 힘이 없기 때문에 무대에 서는 배우와도 같이 그들의 모습을 변신하여 소란스러운 환영과 다양한 형태로 아이들을 놀라게 만듭니다. 이런 우스꽝스러운 짓들 때문에 차라리 그들은 약골이라고 조롱을 받을 만합니다. 앗시리아인들에게 주님께서 보내셨던, 주님의 그 진짜 천사는 적어도 무리를 필요로 하지 않았습니다. 가시적인 환영도, 또한 요란스러운 소리도, 덜거덕거리는 소음도 필요가 없었습니다. 그는 조용히 그의 권한을 행사하였고, 그리하여 즉시 185명의 적을 멸망시켰습니다. 그러나 어떤 것을 할 힘이 부족한 악마들은 단지 환상을 통해서 겁먹게 하려고 시도할 뿐입니다.

29. 욥의 역사를 마음에 간직하고 있는 사람이라면 다음과 같이 말할 것입니다.

'그렇다면 어떻게 악마는 욥을 거슬러 모든 것을 이루었는가? 어떻게 욥이 가진 모든 소유물을 그로부터 박탈할 수 있었는가? 어떻게 그의 자녀들을 죽이고 또한 고통스러운 궤양으로 그를 강타했는가?'

이렇게 묻는 사람은 그 악마가 진짜로 힘을 소유했던 것이 아니고 다만 하나님이 욥을 시험해 보는 일을 그에게 넘기셨다는 것을 알아야 할 것입니다. 악마는 어떤 것을 할 힘이 없었기 때문에 요청했고, 그리하여 그의 요구가 승인되었을 때 행동했던 것입니다. 그는 이것으로부터 저주를 받았고, 그 의로운 사람을 이기지 못했습니다. 만약 악마가 힘을 소유하고 있었다면, 그는 그런 요청을 하지 않았을 것입니다. 그러나 한 번이 아닌 두 번을 요청한 사실에서 그 스스로가 약하고 아무것도 할 수 없음을 보였습니다. 하나님께서 허락하시지 않는다면 욥의 가축에게조차 멸망은 일어나지 않을 것이기 때문에, 욥을 거슬러서 그가 아무것도 할 수 없었다는 것은 놀라운 일이 아닙니다. 사실상, 악마는 돼지들에게도 아무런 권위가 없습니다. 복음서에 쓰여있듯이, 그들은 다음과 같이 말하면서 주님께 간청했습니다. '우리를 저 돼지들에게 보내주십시오.'마 8:31 만약 그들이 돼지에 대해서 아무런 영향력을 미치지 못했다면, 하나님의 이미지로 창조된 사람들에 대해서는 얼마나 덜한 것을 행사하겠습니까!

30. 그러므로 우리는 하나님만을 두려워해야 합니다. 악마들을 개의치 않고 전혀 두려워하지도 말아야 합니다. 진실로, 악마들이 이런 것들을 더욱더 행할수록, 우리는 더욱더 그들에 대항하는 수행에 전념하도록 합시다. 그들에 대항하는 큰 무기는 의로운 삶이며 하나님께 대한 신뢰입니다. 그들은 몇 가지 점에서 금욕적 수도사들을 두려워합니다. 즉 수도사들의 단식,

밤새움, 기도, 온유함과 다정함, 돈에 대한 멸시, 허영이 별로 없음, 겸손함, 가난한 사람들에 대한 사랑, 자선, 성내지 않음, 그리고 그 무엇보다도 그리스도께 대한 그들의 헌신이 그런 것입니다. 따라서 그들이 모든 일을 하는 이유는 수도사들이 발밑으로 그들을 짓밟지 않게 하기 위함입니다. 그들은, 그들에게 대항하는 전투에서 신실한 사람들에게 주어졌던 은혜를 알고 있습니다. 주님께서는 말씀하셨습니다. '보아라, 나는 너희에게 뱀과 전갈을 짓밟고, 그리고 적들의 모든 힘을 이길 수 있는 권위를 주었다.' 눅 10:19

31. 더욱이 그들이 예언하는 시늉을 하면, 누구도 속아 넘어가는 일이 없도록 합시다. 흔히 생기는 일은, 그들이 어떤 형제들이 며칠 후에 오리라고 미리 말하면 실제로 그 사람들이 도착한다는 것입니다. 악마들은 듣는 사람들을 위해 어떤 관심을 두고서 이렇게 하지 않습니다. 단지 사람들이 그들을 신뢰하도록 설득하고, 그 뒤 그 사람들을 통제하고 멸망시킵니다. 따라서 그들에게 주의를 기울여서는 안 되고, 악마들이 말할 때도 그들을 전복시켜야 합니다. 우리는 그들을 필요로 하지 않기 때문입니다. 만약 사람보다 더 가는 몸

을 가진 그들이, 여행을 시작하는 사람들을 알아차리고 유리한 출발을 하여 그들을 앞서가서 그들이 도착하리라고 알린다면, 무엇이 놀랍겠습니까? 말을 타고 가는 사람이 걸어서 여행하는 사람들을 앞서가서 그들의 도착을 알리는 것도 마찬가지입니다. 이런 경우에 그들을 경이로워할 필요가 없습니다. 그들은 아직 일어나지 않은 것들에 대한 예지력을 갖고 잊지 않습니다. 하나님만이 모든 일이 발생 하기 전에 그것들을 아십니다. 악마들은 도둑과도 같이 앞서 뛰어가 그들이 본 것을 알립니다. 그들은 이미 우리 중의 누가 가서 말하기도 전에 많은 사람에게 우리가 함께 모여 그들에 대항하는 방법들을 이야기하리라는 것을 알렸습니다! 재빠른 발을 가진 어떤 소년들은 보다 느린 사람을 앞서가서 이렇게 할 수 있습니다.

내가 말하고 있는 것은 이런 것입니다. 만약 누가 테베 지방으로부터, 또는 다른 어느 지방으로부터 도보 여행을 한다면, 그들은 그가 여행을 시작하기 전에는 그가 걸어가는지 아닌지 알지 못합니다. 그러나 그들은 그가 걷는 것을 본 후에야 앞서 달려가 그가 오기 전에 그의 도착을 알립니다. 이리하여 며칠 후에 여행자들이 도착하게 되는 겁니다. 그런데 종종 그 여행자들이 길을 되돌릴 때면 그 악마들은 거짓으로 드러나기도 합니다.

32. 때로 강의 물과 관련하여, 그들은 어리석은 진술을 합니다. 에티오피아의 지방에서 많은 비가 오는 것을 보면, 그들은 빗물이 강을 범람하게 할 것이라는 것을 알고 그 물이 이집트로 흘러들기 전에 달려가 그것을 알립니다. 그러나 보통 사람들도 만약 그들만큼이나 빨리 달릴 수 있다면, 이런 걸 말할 수 있을 것입니다.

다윗의 망보는 사람은, 그가 높은 장소에 올라갔을 때, 한 남자가 아래에 머물러 있던 사람보다 더 잘 다가오고 있는 것을 보았습니다. 그런데 그 앞서 달리고 있던 남자는 다른 사람들에 앞서 뭔가를 말했는데, 그것은 발생하지 않았던 것이 아니었고, 이미 일어나 진행되고 있었던 것이었습니다. 바로 그런 방법으로 악마들도 또한 앞서 달려가서 그저 속이고자 하는 목적으로 다른 이들에게 징조들을 선포합니다. 그러나 만약 물이나 여행자들에 관해, 그분의 섭리로 일이 진행되는 동안 뭔가 다른 것을 계획한다면—그분의 섭리는 이런 것을 할 수 있습니다—그때 그 악마들은 거짓으로 말할 것이고 그리하여 그들의 말을 듣는 사람들은 기만을 당하게 됩니다.

33. 따라서 이러한 방식으로 그리스인들의 신탁이 일어났고, 옛날에 그들은 악마에 의해 미혹을 당했습니다. 그러나 이런 속임수는 이제 끝나게 되었습니다. 왜냐하면 주님께서 오셨기 때문입니다. 그분께서는 그들의 악행뿐만 아니라 악마들 자체를 무기력하게 바꾸어 버리셨습니다. 그들은 자신의 힘으로는 아무것도 알지 못하기 때문에, 도둑과 같이 다른 이들로부터 수집한 것을 전합니다. 따라서 그들은 예언자나 점쟁이라기보다는 투기꾼에 더 가깝습니다. 따라서 그들이 때때로 진실을 말할 때 그 누구도 이 때문에 그들을 경이롭게 여기지 않도록 하십시오. 또한 병을 다루는 의사들은 다른 사람들 안에서 같은 질병을 관찰하면서, 자신들에게 친숙한 것으로부터 종종 추측하면서 진단을 내립니다. 이처럼, 배의 키잡이나 농부는 숙련된 눈으로 날씨의 상태를 지켜보면서 폭풍이 불지 또는 화창할지를 예측할 수 있습니다. 이 때문에 누군가는 그들이 신적 영감을 통해서 예언하고 있다고 말하지 않고, 그보다는 경험과 실천을 근거한 것이라고 말

할 것입니다. 따라서 만약 악마들도 때때로 추측으로 어떤 것들을 말한다면, 이 때문에 누구도 그들을 대단하게 생각하거나 그들을 주목하지 않도록 하십시오.

미리 앞서 일어날 것을 그들로부터 알게 된다는 것이 듣는 사람들에게 무슨 선한 것이 되겠습니까? 그 누가 진실로 그런 것들을 안다고 할지라도 그런 것에 열심을 내는 목적은 무엇입니까? 이런 것은 덕을 이루지 않고, 또한 선함의 증표도 아닙니다. 우리 가운데 그 누구도 그가 알지 못하는 것 때문에 심판받지 않습니다. 어느 누가 뭔가를 알고 있다고 복되다고 일컬어지지도 않습니다. 그러나 각 사람은, 그가 신앙을 지켰는지 아닌지, 또는 진실로 계명을 실천했는지 아닌지에 따라 심판을 받도록 불려질 것입니다.

34. 따라서 이런 것들에 많은 가치를 둘 필요가 없습니다. 예지력을 얻는 목적으로 수행의 삶을 훈련할 필요도 없습니다. 다만 우리는 하나님을 기쁘시게 하는 그런 길로 우리의 삶을 이끌어 갑니다. 그러니 우리는 미래를 알게 해달라고 기도해서는 안 됩니다. 그런 것을 우리의 수행에 대한 보상으로 구해서도 안 됩니다. 우리의 기도는 악마를 물리치고 승리하는 데 있어서

주님께서 함께 일하며 돕는 우리의 동료가 되어 주십사 간구하는 것입니다.

만약 때로 예지의 능력이 중요하다면 정신이 순수해지도록 합시다. 왜냐하면 내가 믿는 바로는, 영혼이 온전히 순수하고 본래의 상태에 있게 되면 영혼이 영명해지면서 악마들보다 더 잘, 멀리 볼 수 있게 되기 때문입니다. 그 영혼에 여러 가지를 계시하시는 주님을 그가 모시고 있기 때문입니다. 엘리사의 영혼이 이와 같았습니다. 그는 게하시에 의해 행해진 것을 볼 수 있었고왕하 5:26 근처에 서 있던 군대를 보았습니다.왕하 6:17

35. 그들이 밤에 여러분에게 와서 미래 일을 말하려고 하거나, 또는 자신이 천사라고 말할 때, 그들을 무시하십시오. 그들은 거짓말을 하고 있기 때문입니다. 그들이 여러분의 금욕적 수행을 칭찬하고 복되다고 일컬을지라도 그것들을 귀담아듣지 말고, 그들을 상대하지 마십시오. 그 대신 여러분 자신과 거하는 곳에 십자가 표시를 하고 기도하십시오. 그리하면 여러분은 그들이 사라지는 것을 보게 될 것입니다. 그들은 겁쟁이들이고 주님의 십자가 표시를 크게 두려워합니다. 진실로 구

세주께서는 십자가 안에서 그들의 갑옷을 벗겨버리시고 본보기로 삼아 벌을 주셨습니다.골 2:15 만약 그들이 뻔뻔스럽게 자기들의 입장을 지키며 돌아다니고 춤추고 다양한 환영들을 만들어낸다면, 그것들을 두려워하지 말고 움츠러들지도 마십시오. 그들이 좋은 영인 것 같이 그들에게 주의를 기울이지 마십시오. 하나님께서 능력을 부여해 주실 때 선과 악의 존재를 구별하는 것이 가능합니다.

거룩한 이들에 관한 환영은 주의를 산만하게 하는 것으로 가득하지 않습니다. 왜냐하면 그는 언쟁을 벌이지도 크게 소리치지도 않으니, 어느 누구도 그의 목소리를 듣지 않을 것이기 때문입니다. 그런 환영은 매우 조용하고 온화하게 다가와서, 영혼 안에는 즉시 기쁨과 유쾌함, 또한 용기가 일어납니다. 왜냐하면 우리의 기쁨이며 하나님 아버지의 능력이신 주님께서 그 환영과 동반하시기 때문입니다. 그 영혼의 생각은 어지럽지 않고 고요하게 남아 있으며, 그리하여 마치 빛 가운데 있는 듯이 밝아진 채, 나타나는 대상들을 그 자신의 빛으로써 바라봅니다. 그 영혼은 신성한 것과 미래적 실체에 대한 갈망에 압도당하여, 그들과 함께 떠나면 좋겠다고 소망하며 이런 존재들과 완전히 연합되기를 갈망합니다.

만약 인간 존재의 영혼들이 선한 영들의 환영에 겁을 먹으면, 현현하는 그들은 애정 어린 방법으로 그들의 두려움을 거두어줍니다. 스카랴를 위해 가브리엘이 그러했듯이, 주님의 거룩한 무덤에 나타났던 천사가 그 여인들을 위하여 그러했듯이, 또한 목자들에게 두려워하지 말라고 말했던 천사들이 그러했듯이 말입니다. 그 사람들의 두려움은 자기 영혼의 비굴함 때문에 생기는 것이 아니고, 더 높은 존재들의 현존에 대한 자각 때문에 생기는 것입니다. 바로 그런 것이 거룩한 존재들에 대한 환영의 성격을 보여줍니다.

36. 다른 한편, 악한 영들의 공격과 현현은 혼란과 소음과 소리침을 동반하면서 괴롭히는 것입니다. 거친 젊은이들이나 강도들로부터 예상할 만한 일종의 소란 같은 것입니다. 영혼은 이런 것으로부터 즉시 공포에 질리고, 혼란과 생각의 무질서, 낙담, 수행자들을 향한 증오, 마음이 내키지 않음, 비애, 친지들에 대한 기억, 그리고 죽음에 대한 두려움을 가지게 됩니다. 그리고 마침내 악한 것들에 대한 갈망과 덕에 대한 경멸, 그리

고 인격의 불안정이 나타나게 됩니다.

따라서, 여러분이 어떤 이를 보면서 겁을 먹고 놀랄 때, 만약 그 두려움이 즉시 없어지면서 대신 이루 말할 수 없는 기쁨과 유쾌함, 자신감과 회복된 힘, 생각의 고요함 그리고 내가 전에 언급한 다른 것들, 곧 용기와 하나님께 대한 사랑 등으로 채워진다면, 용기를 내어 기도하십시오. 영혼의 기쁨과 안정성은 여러분 앞에 현현한 존재의 거룩함을 증명합니다. 그래서 아브라함은 주님을 뵙고 기뻐했으며, 요한은 하나님의 어머니이신 마리아의 목소리를 듣고 기뻐 뛰놀았던 것입니다.

반면 어떤 이들이 나타날 때, 어지럽히는 것이 일어나고 밖으로부터의 소음과 세상적 환영, 그리고 죽음의 위협이나 내가 전에 언급했던 것들이 있으면, 그 방문은 사악한 자로부터 온 것임을 알아차리십시오.

37. 또한 다음과 같은 것이 여러분들을 위한 증표가 되게 하십시오. 영혼이 겁에 질린 채로 남을 때마다 적들의 임재가 있다는 것입니다. 왜냐하면 악마들은 그들에게 생기는 두려움을 거두어 가지 않기 때문입니다. 위대한 대천사 가브리엘은 마리아와 스가랴로부터 두려움을 사라지게 했고, 무덤에서 여인들에게 나타났

던 천사도 그랬습니다. 그러나 사람들이 두려운 그자를 볼 때마다, 그들은 환영들을 증가시키고 그리하여 사람들을 더욱더 공포에 떨게 만들고자 합니다. 그런 후 그러한 사람들을 조롱하기 위하여 다음과 같이 말하며 나아갑니다. '엎드려서 나를 예배하라.' 이런 방식으로 그들은 그리스인들을 속였습니다. 그리하여 그리스인들에 의하여 그자들은 신들로 간주되었고, 거짓되게 그렇게 불리었습니다.

그러나 주님께서는 우리가 악마에게 속도록 내버려 두시지 않았습니다. 그자가 주님을 거스르는 그런 망상들을 만들어 낼 때 다음과 같이 꾸짖으셨습니다. '사탄아 내 앞에서 물러가라. 기록되었으되 주 너의 하나님께 경배하고 다만 그를 섬기라 하였느니라.'^{마 4:10} 그러므로 그 속이는 자가 점점 우리에게 멸시를 당하도록 하십시오. 주님께서 말씀하셨던 것은 우리를 위한 것이었습니다. 악마들이 우리로부터 위와 같은 말을 들을 때 그들을 질책하셨던 주님을 통하여 그들은 쫓겨날 것입니다.

38. 우리는 악마들을 쫓아내는 것을 자랑해서는 안 됩니다. 또한 병을 고쳤다고 의기양양해서도 안 됩니

다. 악마들을 쫓아내는 사람만이 높이 존경받고, 반면 그렇지 못한 사람을 아무것도 아닌 것으로 여기는 것은 적합하지 않습니다. 수도사 개개인이 다른 이들의 수행법을 배우도록 하고, 그런 것을 따라 하거나 우수성을 서로 겨루거나 바로잡도록 하십시오. 표징들을 행하는 것은 우리의 일이 아니고 구세주께서 하시는 일입니다. 그래서 그분께서도 당신 제자들에게 말씀하셨습니다. '귀신들이 너희에게 항복하는 것으로 기뻐하지 말고 너희 이름이 하늘에 기록된 것으로 기뻐하라.'루 10:20 하늘에 이름이 기록되어 있다는 사실은 우리의 덕에 대한 증거입니다.

그러나 악마들을 쫓아내는 능력은 그 능력을 베풀어 주신 구세주로부터 오는 선물입니다. 따라서 덕을 행함에서가 아니라 표징을 행함에서 자랑하는 사람들이 '주여 우리가 주의 이름으로 귀신을 쫓아내며 주의 이름으로 많은 권능을 행하지 아니하였나이까?'마 7:22라고 말할 때, 그분께서는 대답하셨습니다. '진실로 내가 너에게 말하노니, 나는 너를 알지 못한다!' 왜냐하면 주님께서는 악을 행하는 자들의 길을 알지 못하기 때문입니다. 앞서 말했듯이, 우리는 분명히 영들을 분별하는 은사를 받기 위하여 기도해야 합니다. 그리하여 성서에 쓰인 대로 영을 다 믿지 않아야 합니다.요일 4:1

39. 나는 지금까지 내가 말한 것들에 만족하면서, 더는 말하지 않고 나 자신의 투쟁에 대해서도 아무것도 말하지 않고자 했습니다. 그러나 여러분이 내가 이런 것들을 그저 되는대로 말한다고 생각하지 않도록, 그리고 내가 이런 문제들을 경험과 사실에 근거하여 자세히 열거한다는 것을 여러분이 확신하게 하기 위해, 나는 내가 직접 보았던 악마들의 교활한 활동들을 말하고자 합니다. 이렇게 말함으로써 내가 어리석은 사람처럼 보일지라도, 주님께서는 내 양심이 순수할뿐더러 이런 것들이 나를 과시하는 것이 아니고 나를 향한 여러분의 사랑과 여러분의 청원 때문이라는 것을 아십니다.

얼마나 자주 그들이 나를 복되다고 일컬었고, 반면 나는 그들을 주님의 이름으로 저주했는지요! 얼마나 자주 그들은 강이 불어날 것이라고 예언했고, 나는 그들에게 '그렇게 해서 너희들은 무엇을 하고자 하느냐?'라고 대응했는지! 한번은 그들이 나를 위협하면서 전투 대형을 이루는 전사들처럼 나를 에워쌌습니다.

또 다른 경우에 그들은 내 거처를 말들과 짐승들, 그리고 뱀들로 가득 채웠습니다. 그때 나는 이렇게 노래했습니다. '어떤 이들은 병거를 반기고 또 다른 이들은 말들을 반깁니다. 그러나 우리는 주 하나님의 이름을 기뻐 반길 것입니다.' 그러자 이런 기도를 통해서 그들은 주님에 의해 쫓겨났습니다.

또 한번은 그들이 빛의 모습을 하고 어둠 속에서 내게 왔습니다. 그러고서 이렇게 말하는 것이었습니다. '안토니우스, 우리는 네게 빛을 주러 왔다.' 그러나 나는 눈을 감고 기도했습니다. 그러자 즉시 그 불경한 자들의 빛이 꺼졌습니다. 몇 달이 지나고서는 그들은 찬송을 부르고 성경 구절들을 읊조리면서 나타났습니다. 그러나 나는 귀머거리처럼 듣지 않았습니다. 어떤 때는 그들은 지진을 일으켜 내 거처를 뒤흔들었습니다. 그러나 나는 기도하면서 흔들리지 않는 마음으로 있었습니다. 이런 후에 그들은 다시 와서 소란을 피우고 이상한 소리를 내며 뛰어다녔습니다. 내가 기도하며 찬송하자 그들은 즉시, 마치 심하게 약해진 듯이 슬퍼하며 울기 시작했습니다. 나는 나와 함께하시면서 그들의 뻔뻔함과 광기를 본보기로 징계하신 주님을 찬

양하였습니다.

40. 한번은 키가 매우 큰 악마가 환영으로 나타나서 감히 이렇게 말하는 것이었습니다. '나는 하나님의 권능이며 보살핌이다. 내가 너에게 무엇을 주기를 원하느냐?' 그때 나는 특별히 그에게 숨을 내뿜고 그리스도의 이름을 말하며 그를 쳤습니다. 나는 그의 급소를 찌른 것 같았습니다. 그리고 내가 그리스도의 이름을 부르자, 즉시 덩치 큰 그는 다른 모든 악마와 함께 사라졌습니다. 다른 날 내가 단식하고 있을 때, 그 교활한 자는 수도사의 모습을 하고서 나타났는데, 빵 몇 덩이를 들고 있었습니다. 그는 '먹게나. 그대의 많은 노고를 멈추게나.'라고 하면서 내게 충고를 건넸습니다. '그대 역시 사람이야. 이렇게 하다가는 그대도 약해져 병들게 되네.' 내가 그의 책략을 깨닫고 기도하려고 일어서자, 그는 그것을 견디지 못하고 달아났습니다. 그때 문을 통하여 빠져나가는 그는 연기처럼 보였습니다.

그자는 광야에 있는 내게 얼마나 많이 황금의 환상을 보여주었는지요! 내가 그것을 바라보고 만지기를 바랐던 것입니다. 나는 그에 대항하여 찬송을 불렀고, 그러자 그는 사라졌습니다. 그자들은 여러 번 나를 채

찍질했고 그럴 때마다 나는 말했습니다. '그 어떤 것도 나를 그리스도의 사랑으로부터 떼어놓을 수 없다.'롬 8:35 그러면 그들은 나를 치는 대신 자기들끼리 서로 후려치는 것이었습니다.

그들을 이렇게 멈추게 하고 그들의 행동을 무력하게 만드는 이는 내가 아니고 주님이셨습니다. 그분께서는 말씀하셨습니다. '나는 사탄이 하늘로부터 번개처럼 떨어지는 것을 보았다.'눅 10:18 나의 자녀들이여, 바울 사도의 말을 유념하시오. '나는 이 모든 것을 나 자신에게 적용하였다.'고전 4:6 그리하면 여러분들이 수행하면서 흔들리지 않는 것을 배우고, 또한 악마와 그 졸개들의 환영을 두려워하지 않는 것을 배울 수 있을 것입니다.

41. 나는 이 사건들을 어리석을 정도로 자세히 묘사하였습니다. 이것을 여러분의 보호와 담대함을 위하여 받아들이고, 내가 거짓을 말하고 있지 않으니 나를 신뢰하십시오. 한번은 누군가가 내 거처의 문을 두드렸습니다. 내가 나가보자 엄청나게 거대하고 키가 큰 자가 있었습니다. '당신은 누구시오?'라고 내가 묻자 그는 대답했습니다. '나는 사탄이다.' 내가 또 물었습니

다. '여기서 무엇을 하고 있소?' 그도 되물었습니다. '어찌하여 수도사들과 다른 모든 그리스도인은 이유도 없이 나를 비난하지? 왜 매 순간 나를 저주하지?' 내가 '왜 당신은 그들을 괴롭히지?'라고 대꾸하자 그자가 대답했습니다. '내가 그들을 괴롭히는 것이 아니다. 다만 그들이 스스로 방해하고 있지. 나는 힘이 없게 되었다. 그들은 다음의 것을 읽지 않았는가? '적들의 칼은 완전히 실패했다. 그대들이 그들의 도시들을 파괴시켰다.' 나는 이제 설 거처도, 무기도, 도시도 없다. 모든 곳마다 그리스도인들이 있어. 사막마저도 수도사들로 꽉 찼어. 그들이 자신을 스스로 돌보도록 하게나. 그리고 이유 없이 나를 비난하는 것을 멈추도록 해줘!'

그때 나는 주님의 은혜에 감탄하며 그에게 말했습니다. '비록 너는 언제나 거짓말쟁이며 결코 진리를 말하지 않지만, 이번만큼은 사실대로 말을 하는군. 네가 의도하지 않았을지라도 말이야. 그리스도께서 오셔서 너를 힘 없이 만드셨어. 너를 쓰러뜨리시고 무방비 상태로 남도록 하셨지.' 구세주의 이름을 듣고 스스로 시들어져 가는 것을 견딜 수 없게 되자, 그자는 사라졌습니다.

42. 이제 악마 자신도 스스로 아무것도 할 수 없음을 고백했으니, 우리는 그자와 그의 졸개들을 완전히 무시해야 합니다. 내가 묘사했듯이 그자는 그의 졸개들과 함께 일종의 간악함들을 지니고 있기는 합니다. 그러나 우리는 그들의 무력함을 알고 있으니 그들을 비웃을 수 있습니다. 그러니 우리는 그들의 방식에 따라 절망 속으로 들어가지 않도록 하고, 공포심을 갖지 맙시다. 또한 '나는, 악마가 와서 나를 넘어뜨리거나 집어던져 버리지 않도록, 그리고 갑자기 내 옆에 와서 나를 혼란 속으로 던지지 않기를 얼마나 바라고 있는가!'라고 하면서, 스스로 두려움을 만들지 않도록 합시다. 이런 생각들을 전혀 품어서는 안 됩니다. 또한 죽어가는 사람들처럼 비통해해서도 안 됩니다.

그 대신, 담대하게 우리가 안전하다는 것을 믿으며 언제나 기뻐합시다. 우리의 영혼으로부터 우리와 함께 계시는 주님께서 이미 악한 영들을 완패시키셨고 그들을 무력하게 만드셨음을 깊이 생각합시다. 마찬가지로, 주님께서 우리와 함께하시는 가운데 적들은 우리에게 아무것도 할 수 없다는 것을 항상 이해하고 마음에 새깁시다.

악마들은 우리의 상태에 따라 호응하고, 우리의 생각에 따라 그들의 환영을 만들어 냅니다. 만약 우리가 두려움에 떨고 괴로워하는 것을 그자들이 발견하면 즉시 우리의 무방비 상태를 포착하여 그들은 우리를 강도같이 공격합니다. 우리가 스스로 생각하는 것이 무엇이든, 그자들은 그대로 아니, 그 이상을 행합니다. 만약 그들이 우리가 두려움에 차 있는 것을 보면, 그들은 환영과 협박을 통해 두려움을 한층 더 증가시킵니다. 불행한 영혼은 이런 식으로 괴롭힘을 당합니다.

반면, 그들이 우리가 주님 안에서 기뻐하는 것을 보고, 또한 도래할 좋은 것들에 대해 생각하거나 주님과 관계되는 것들을 묵상함을 알게 되면, 그리고 모든 것이 주님의 손에 달려 있고 악마는 그리스도인에 대해 어떤 힘도 없고 그 누구에 대해서도 권위를 갖고 있지 않다고 성찰하는 것을 보면, 그들은 이런 생각들로써 견고한 영혼을 발견하며 굴욕을 당하고 물러나게 됩니다. 이런 이유 때문에, 적은 욥이 매우 견고하다는 것을 알고 그로부터 떠났으며, 반면 유다가 이런 점들에 무방비 상태라는 걸 발견하고 그를 사로잡았습니다.

그러므로 적을 경멸하기를 원한다면, 항상 주님과 관계있는 것들을 묵상하고, 우리의 영혼이 언제나 희망을 품고 기뻐하도록 하십시오. 그럴 때 우리는 연기와도 같은 악마들의 덫을 보게 될 것이고, 추적하기보다는 도망가는 악마를 보게 될 것입니다. 앞서 말했듯이 그자들은 매우 겁쟁이고 항상 그들을 위해 준비된 불을 예상하고 있습니다.

43. 그들에 대항하는 여러분의 겁 없음을 갖고 확실한 징표를 파악하도록 하십시오. 어떤 환영이 나타날 때면, 두려움으로 엎드리지 말고 우선 담대하게, '당신은 누구인가?' 그리고 '당신은 어디에서 오는가?'를 물어보십시오. 만약 그것이 거룩한 존재의 환영이라면, 여러분에게 전적인 확신을 줄 것이며 여러분의 두려움을 기쁨으로 변화시킬 것입니다. 그러나 그 환영이 악마로부터 온 것이라면, 그것은 즉각적으로 여러분의 굳센 정신을 알아차리면서 약해질 것입니다. 그저 '당신은 누구인가?' 그리고 '당신은 어디로부터 오는가?'라고 물어봄으로써 여러분은 여러분 자신의 평온함에 대한 증거를 주는 것입니다. 이렇게 물어봄으로써 눈의 아들 여호수아는 그의 조력자가 누구인지 알 수 있

었습니다.수 5:13 또한 대적은 다니엘의 질문을 빠져나 갈 수 없었습니다."

성장하는 수도적 삶 (약 305년)

44. 안토니우스가 이런 것들에 관해 말할 때 모든 수도사가 기뻐했다. 어떤 이들은 덕에 대한 사랑이 증대되었고, 또 다른 이들은 부주의함을 버릴 수 있었다. 또 어떤 이들은 교만함을 끊어버릴 수 있었다. 모든 이들이 영의 분별에 있어서 주님께서 안토니우스에게 주신 은혜에 놀라워하며, 악마적 음해를 거스르도록 설복을 받았다. 이리하여 산속에 있는 그들의 거처는 신적 합창대로 가득 찬 장막과도 같았다. 사람들은 미래에 대한 희망 안에서 찬양하며 연구하고, 또 단식하며 기도하고 기뻐하였다. 그리고 사람들에게 자선을 행하였고 형제들 안에서는 사랑과 조화로움을 지켜나갔다. 마치 그들은 진실로 그들 자신 안에 독특하게 세워진 나라, 즉 헌신과 의로움의 나라를 바라보고 있는 듯하였다. 그곳에는 가해자도 없었고 불의에 의한 희생자도 없었다. 세금 징수자로 인한 불만도 없었다. 그곳에는 수많은 금욕적 수도사들의 무리가 있었으나

그들은 한마음으로 지냈다. 그들의 마음은 덕을 수행하는 데에 집중되었다. 그리하여 누구라도 이 수도사들의 거처들을 다시금 보게 되면 그들 안에 있는 그런 평화로운 질서에 감동되어 환호하며 이렇게 말하였다.

"야곱아 너의 천막들이, 이스라엘아 너의 거처가 어찌 그리 좋으냐! 그늘이 드리워진 골짜기 같고 강가의 동산 같구나. 주님께서 치신 텐트와도 같고 물가의 향백나무 같구나."민 24:5-6

새로워진 안토니우스의 수도적 노력

45. 그 후 안토니우스는 그가 보통 하던 대로 자신의 거처로 다시 홀로 돌아왔다. 그는 수행을 강화했고, 천상적 거처를 묵상하면서 날마다 탄식했다. 그 천상의 거처를 갈망하는 동시에 이 세상 인간들의 삶의 덧없음을 묵상하였다. 그는 먹고 자고 또한 다른 신체적 필요를 돌보아야 할 때는, 영혼의 높은 지체를 생각하면서 부끄러움을 가지곤 했다. 다른 많은 수도사와 함께 식사를 해야 할 때에는 영적 음식을 상기하고 양해를 구하면서 무리로부터 떨어진 곳으로 가곤 하였다. 그가 먹는 것을 다른 이들이 본다면 부끄러우리라고 생

각했던 것이다.

물론 그도 신체적 필요에 따라 음식을 먹었다. 형제들과도 종종 함께 식사했는데, 형제들을 존중하는 의미에서 식사했을 뿐이다. 안토니우스는 형제들에게 도움이 되는 말들을 담대하게 전하였다. 그는 사람이 몸보다는 영혼에 그의 시간을 바쳐야 하고, 필요에 따라 몸을 돌볼 때는 짧은 시간을 들여야 한다고 가르치곤 했다. 훨씬 더한 열심으로 다른 시간 전체를 영혼을 돌보는 데에 써서 영혼의 유익을 추구해야 한다고 가르쳤다. 그리하여 영혼이 몸의 즐거움에 끌려다니지 않고, 몸이 영혼에 복종해야 한다고 가르쳤다. 우리의 구세주께서도 이런 것을 말씀하셨던 것이다.

"너희는 무엇을 먹을까 무엇을 마실까, 무엇을 차려입을까 하며 걱정하지 말라. 이런 것들은 모두 다른 민족들이 애써 찾는 것이다. 하늘의 너희 아버지께서는 이 모든 것이 너희에게 필요함을 아신다. 너희는 먼저 하나님의 나라와 그분의 의로움을 찾아라. 그러면 이 모든 것도 곁들여 받게 될 것이다."마 6:31

안토니우스가 박해 기간에 알렉산드리아에서 순교를 좇다 (311년)

46. 그 후, 막시미누스Maximinus 아래에서 교회를 억압하는 박해가 일어났다. 거룩한 순교자들이 알렉산드리아로 끌려갈 때, 안토니우스도 거처를 떠나 그들을 따랐다. 그는 말하였다. "우리도 갑시다. 그리하여 부르심이 있다면 우리도 싸움을 치를 것이고 그렇지 않다면 싸우는 사람들을 지켜보아야 할 것입니다." 그는 순교를 겪기를 갈망했다. 그러나 자발적으로 자신을 건네주는 것이 내키지 않아 그는 굴과 감옥에서 신앙의 고백자들을 보살폈다. 법정에서 그는 큰 열의를 보이면서 순교대열의 참가자로서 불려진 사람들이 기꺼이 준비되도록 힘을 실었으며, 그들이 순교를 당할 때 그들을 맞아들였고, 그들이 온전히 묻힐 때까지 무리 가운데 남아있었다.

재판관이 대담무쌍한 안토니우스와 그의 동료들을 보고, 수도사들이 앞으로 법정에 나타나지 말도록 그리고 도시 마을에도 머무르지 말도록 명을 내렸다. 이리하여 다른 모든 동료는 그 날은 스스로 삼가는 것이 좋겠다고 생각했다. 그러나 안토니우스만은 그 명령에 개의치 않고 자신의 의복을 빨았으며 그 다음 날도 하루 종일 사람들 눈에 잘 띄는 장소에 서 있었다. 그리고 마침내 총독 앞에 당당하게 모습을 드러냈다. 모든 사람이 이것에 놀라는 한편, 그 총독은 호위대에 둘러싸여 지나가다가 안토니우스를 보았다. 안토니우스는 우리 그리스도인들에 속하는, 결의에 찬 태도를 드러내며 그곳에 고요히 서 있었다. 앞서 언급하였듯이, 그는 순교할 수 있도록 기도하였던 것이다. 따라서 그는 순교를 당하지 않아서 비통한 사람처럼 보였다.

그러나 주님께서는 우리와 다른 이들에게 유익이 되도록 그를 보호하셨다. 주님은 안토니우스가 성경으로부터 배웠던 수행을 많은 사람에게 가르치기를 원하셨던 것이다. 많은 사람이 단지 그가 하는 행동을 바라보는 것만으로도 그의 삶의 방식을 본받는 사람이 되기를 갈망했다. 그리하여 안토니우스는 다시금 하던 대로 신앙 고백자들을 보살폈고, 자신이 그들의 동료 포로자들인 듯이 그러한 사역에서 열심히 일했다.

당시 안토니우스가 어떻게 살았는지에 대해

47. 마침내 박해가 끝나고 복된 주교인 베드로가 증

언에 나서자, 안토니우스는 사람들을 떠나 다시 자신의 은둔지로 물러났다. 거기서 그의 양심에 따라 날마다 순교자가 되면서 신앙의 싸움에서 전투를 벌였다. 그의 금욕적 수행은 한층 더 강화되어 지속해서 단식을 했고, 실내에 있을 때 그의 의복은 머리털이었고 바깥에서는 동물 가죽으로 옷을 삼았다. 그는 세상을 떠날 때까지 이 관습을 지켰다. 그는 깨끗해지고자 물로 몸이나 발을 씻지도 않았고, 꼭 필요할 때가 아니면 물에 발을 담그지도 않았다. 누구도 그가 옷을 입지 않은 것을 볼 수 없었다. 진실로, 그가 죽어 묻힐 때를 제외하고는 안토니우스의 벗은 몸을 본 사람은 없었다.

안토니우스가 악한 영으로부터 한 여인을 구해내다

48. 그가 물러나 은둔하며 밖에 나가지도 않고 어떤 방문자도 받아들이지 않으면서 살기를 작정하였는데, 어떤 군사 장교가 안토니우스를 귀찮게 하였다. 마르티니아누스Martinianus라고 하는 자였다. 그에게는 악령에 시달리는 딸이 있었는데, 그는 안토니우스의 거처의 문을 두드리면서 오랫동안 머물렀다. 그리고 안토

니우스에게 밖으로 나와서 자신의 딸을 위해 하나님께 기도해 달라고 간청하였다. 안토니우스는 문을 여는 것이 마땅치 않았으므로 위에서 밖을 내다보면서 말했다. "왜 당신은 내게 부르짖습니까? 나 또한 당신과 같은 사람일 뿐입니다. 당신이 내가 섬기는 그리스도를 믿는다면 가서 같은 방식으로 신앙생활을 하면서 하나님께 기도하시오. 그리하면 당신 소원이 이루어질 것입니다." 그 즉시 그 군인은 떠나서 그리스도를 믿으며 청하였다. 그리하여 자신의 딸이 악마로부터 깨끗해졌다.

주님께서는 안토니우스를 통하여 다른 많은 일들을 행하셨다. 그분께서 "구하여라, 그리하면 주어질 것이다."눅 11:9라고 말씀하셨던 것이다. 비록 그가 문을 열지는 않았지만, 고통에 시달리는 수많은 사람이 그의 은둔지 밖에서 밤을 지새웠고, 그들이 믿음을 갖고 신실하게 기도할 때 그들의 병은 치유되었다.

안토니우스가 '깊숙한 산'으로 거처를 옮기다

49. 안토니우스는 다시금 많은 사람에게 둘러싸이게 되었고, 그가 의도하고 갈망하던 대로 은둔할 수가 없

었다. 그는 주님께서 자신을 통해서 일하셨던 표징들 때문에 스스로 교만해질까, 또는 다른 사람들이 자신을 합당하지 않게 높이지 않을까 두려워하였다. 그리하여 심사숙고한 뒤에 그는 터베Thebaid 상부 지역을 향해 떠났다. 그곳 사람들은 그를 알지 못했던 것이다.

그는 형제들로부터 빵 몇 덩이를 받아들고, 강둑에 앉아 배가 지나가는지를 바라보았다. 그는 배를 타고 떠날 수 있었다. 그가 이렇게 지켜보고 있을 때, 위로부터 어떤 목소리가 그에게 말했다. "안토니우스, 너는 어디로 가고 있느냐? 왜 가는 것이냐?" 안토니우스는 이런 방식으로 자주 부르심을 받았으므로 이에 방해받지 않고 대답했다. "군중들이 저를 홀로 있도록 놔두지 않습니다. 저를 에워싸고 있는 많은 사람으로 곤혹스러움을 느끼기 때문에, 특별히 그들이 저의 능력을 넘어서는 일들을 요청하기 때문에 저는 터베 상부 지역으로 가려고 합니다." 그 목소리가 그에게 말하였다. "네가 터베로 갈지라도, 그리고 네가 생각하듯이 늪지로 내려갈지라도 너는 더 많은 사람을, 무려 두 배나 되는 사람들에 둘러싸여 견디기 힘들 것이다. 네가 진정 홀로 있고자 한다면 지금 깊숙한 산으로 들어가거라." 이에 안토니우스가 대답하였다. "누가 제게 길을 가르쳐줄까요? 저는 그곳에 대해 아는 바가 없습니다."

그러자 즉시 그 목소리는 안토니우스에게 그 길을 지나가려는 사라센 사람들을 보도록 하였다. 안토니우스는 그들에게 가까이 다가가서 그 사막으로 그들과 함께 여행할 수 있기를 요청하였다. 그러자 마치 하나님의 섭리인 듯이, 그들은 흔쾌히 그를 환영해 주었다. 사흘 낮과 밤을 그들의 무리 안에서 여행한 후에 그는 매우 높은 산에 도달했다. 산 아래는 정말로 맑고 달고, 시원한 샘물이 있었다. 그 너머로는 평야가 펼쳐져 있었고 돌봄을 받지 않고 자라는 대추야자나무 몇 그루가 있었다.

50. 안토니우스는 하나님에 의해 감동을 받은 듯이 이 장소를 몹시도 사랑하게 되었다. 이곳은 그가 강둑에 앉아 있었을 때 그와 대화를 나누던 분께서 지정해 주셨던 바로 그 장소였기 때문이었다. 우선 동료 여행자들로부터 빵 덩이들을 받은 후, 그는 산에 홀로 머물렀다. 어느 누구도 그와 함께 살지 않았다. 이곳을 그의 집으로 받아들이면서 그 순간부터 계속하여 그 장소에 머물렀다. 그 사라센인들조차 안토니우스의 열정

을 감지하면서 그 길을 지날 때 그 장소를 한 지점으로 만들어 기쁘게 그에게 빵 덩이들을 가져다주곤 하였다. 안토니우스는 또한 대추야자나무로부터도 약간의 즐거움을 얻을 수 있었다. 이윽고, 형제들이 이 장소에 대해 알게 되자 그들은 아버지를 생각하는 자식들처럼 안토니우스에게 뭔가를 보내주고 싶어 했다. 그러나 안토니우스는 먹을 양식을 보내는 것이 형제들 몇 명에게 수고와 고역을 지우는 것임을 알고서는, 수도사들을 이 수고로부터 벗어나게 해주기 위해 그에게 왔던 몇 형제에게 괭이며 도끼, 그리고 약간의 곡물 낟알을 가져다줄 것을 부탁했다.

이런 것들을 수집한 후에 안토니우스는 그 산 주변 땅을 조사했다. 작지만 적합한 땅을 발견하자 안토니우스는 그 땅을 갈았다. 그리고 샘으로부터 풍부한 물을 길어다 놓고 곡물 낟알을 심어 농사를 지었다. 해마다 이렇게 함으로써 그는 그곳에서 자신의 양식을 자급하였다. 그리하여 다른 누구에게도 수고를 끼치지 않게 되어 그는 기뻤다. 누구의 신세도 지지 않을 수 있게 되었다. 얼마 후, 어떤 사람들이 그에게 오는 것을 다시금 보게 되면서, 그는 야채 몇 종류를 심었다.

힘든 여행의 고됨으로부터 그 방문객들에게 약간의 즐거움을 주고자 했다. 처음에는 그 외진 곳에 사는 짐승들이 물을 마시러 왔다가 종종 안토니우스 밭의 작물과 갓 심어놓은 것을 훼손하곤 하였다. 그는 짐승 중 하나를 점잖게 잡아놓고서는 그것들 모두에게 일렀다. "내가 너희들을 해치지 않건만 어찌하여 너희는 나를 해치느냐? 떠나거라, 그리고 주님의 이름으로 말하니, 앞으로는 다시는 여기 근처에 오지 말아라." 그의 명령을 두려워하기라도 하듯이, 그 짐승들은 이후로는 그 근처에 오지 않았다.

그곳에서도 악마들과 싸우다

51. 그리하여 안토니우스는 깊숙한 산에서 홀로 지내면서 기도와 수행에 전념할 수 있었다. 한 달에 한 번 오가면서 안토니우스를 돌보던 형제들이 그에게 올리브며 콩, 기름을 가지고 와도 되는지를 물었다. 그 당시 그는 노인이었기 때문이었다. 그를 방문했던 그들로부터 우리가 알게 된 것은, 안토니우스가 여기서 살면서도 얼마나 많은 싸움을 견디었는가 하는 것이다. 성경에 쓰여있는 대로, "육체와 피에 대항하는 것

이 아니라"엡 6:12 거스르는 악마들에 대항하는 싸움이었다. 거기에서 그들은 소란스러움과 여러 목소리를 듣기도 하고, 또는 무기들이 내는 것과 같은 요란한 소리를 듣기도 했다. 밤에 그들은 그 산이 짐승들로 꽉 찬 것을 보기도 했다. 그들은 또한 안토니우스가 마치 눈에 보이는 어떤 것들을 거스르듯이 분투하는 것을 지켜보기도 하고 그것들에 대항하여 기도하는 모습도 보았다. 안토니우스는 이렇듯 싸우며 무릎을 꿇고 주님께 기도하면서도, 그에게 오는 사람들을 격려하였다.

그런 사막에 혼자 지내면서 그를 대적하는 악마들에 의해 산만해지지도 않고 거기에 있는 수많은 네발 달린 짐승들과 파충류들의 흉포한 행동에도 공포에 떨지 않는다는 것은 정말로 놀라운 일이었다. 안토니우스는 진정으로 성서가 말하듯이, 시온 산과 같이 흔들리지 않는 침착한 정신으로 주님을 신뢰하는 사람이었다. 그리하여 대신 악마들이 달아났고 야생 짐승들은 말 그대로 평화롭게 지냈다.욥 5:23

52. 악마는 가까이에서 안토니우스를 지켜보면서 다윗이 노래하듯이 그를 거스르며 이를 갈았다. 안토니

우스는 구원자 되신 분으로부터 위로를 받으며 악마의 계략과 다양한 술책에 영향을 받지 않고 남아 있었다. 악마는 그를 거슬러 밤에 짐승들을 보냈다. 그 외진 곳의 모든 하이에나가 굴에서 나와 안토니우스를 둘러싸고 가두었다. 각 짐승이 입을 열어 그를 물려고 위협할 때, 안토니우스는 적의 방법에 정통하여 그들에게 말했다. "너희들이 나에 대한 권위를 받았다면, 나는 너희들에게 잡아먹힐 준비가 되었다. 그러나 악마들이 너희들을 보냈다면, 지체 없이 물러나거라. 왜냐하면 나는 그리스도의 종이기 때문이다." 안토니우스가 이 말을 하자 그 짐승들은 마치 채찍에 맞은 것처럼 쫓겨 멀리 달아나 버렸다.

53. 며칠 후 그가 일하고 있을 때, [그는 노동하는 데에도 부지런하였다.] 어떤 이가 문에 서서 그가 일하고 있었던 꼬아놓은 것을 잡아당겼다. 그는 바구니를 짜곤 했고, 그에게 필요한 물건을 가지고 오는 사람들에게 바구니들을 그 값으로 주었던 것이다. 그가 일어나서 보니 허벅지까지는 사람을 닮고 다리와 발은 나귀를 닮은 짐승 한 마리가 있었다. 안토니우스는 그저 십자가 사인을 그으면서 말하였다. "나는 그리스도의

종이다. 만약 네가 나를 대적하기 위해 보내어진 것이라면 보아라, 내가 여기 있다!" 그러자 그 짐승은 악마들과 함께 다급하게 도망가다가 넘어져 죽고 말았다. 그 짐승의 죽음은 악마들의 몰락이었다. 실로 그들은 모든 수단을 통해 안토니우스를 사막으로부터 쫓아내고자 했지만 그렇게 할 힘이 그들에게는 없었다.

기적적인 샘, 그리고 안토니우스가 바깥 산에서 지내는 수도사들을 교화하다

54. 한번은 수도사들이 안토니우스에게 잠깐이라도 돌아와 그들과 그들의 거처를 감독해 달라고 요청했다. 그래서 그는 그에게로 올라왔던 수도사들과 여행을 하게 되었고, 낙타 한 마리에 그들이 먹을 빵과 물을 실었다. 그 사막 전체가 매우 건조하고 안토니우스의 거처가 있는 산 지역을 제외하고는 물이라고는 없기 때문이었다. 열기가 엄청나게 뜨거워지고 길을 가는 도중 물이 다 떨어져서, 그들은 위험에 처하게 되었다. 주변 몇 군데를 가보아도 물을 발견할 수가 없자, 그들은 더이상 길을 갈 수가 없었다. 그들은 땅에 누웠고 절망적으로 체념하면서 낙타를 풀어주었다.

안토니우스는 그들 모두가 위기에 처한 것을 보고 깊은 근심으로 신음하면서, 그들에게서 조금 떨어진 곳으로 가서 무릎을 꿇고 손을 앞으로 뻗어 기도했다. 그러자 주님께서 즉시 그가 기도하고 있던 장소에서 물이 솟구쳐 나오게 하셨다. 모든 이들이 양껏 물을 마시고, 다시 살아나게 되었다. 그들은 물 담는 가죽 부대에 물을 채운 뒤 바로 낙타를 찾아 나섰고 그것을 발견했다. 밧줄이 어떤 바위 주변으로 감겨 그 낙타는 단단하게 고정되어 있었다. 그것을 다시 끌고 와서 물을 마시게 한 뒤, 그들은 낙타의 등에 물 부대들을 얹고 떠나, 사고 없이 그 여행을 마무리할 수 있었다.

안토니우스가 그 바깥 거처에 도착하자 그를 본 모든 이가 마치 아버지를 맞이하는 듯이 그를 껴안았다. 그는 마치 자신이 머무는 산으로부터 식량을 가져온 듯이, 수도사들을 그의 말을 통해 접대했고 그들에게 도움을 베풀었다. 다시 한번 그들의 바깥 산 거처에는 기쁨과 영적 진보를 향한 열정이, 그들 안의 상호적 신뢰에 기초한 격려와 함께 피어올랐다. 안토니우스도 수도사들의 열정을 바라보며, 그리고 그의 여동생이 동정녀로 성장하며 살아오다가 이제 다른 수녀들의 지도자가 된 것을 보며 기뻐하였다.

안토니우스가 그를 의지하던 이들에게 매우 인간적으로 충고하다

55. 며칠 후에 그는 다시 깊숙한 산으로 돌아갔다. 그 후로는 많은 수도사가 그를 방문하였고 고통을 겪고 있던 어떤 이들은 용감하게 그에게 다가갔다. 그에게 왔던 모든 수도사에게 그는 한결같이 같은 메시지를 주었다.

"주님께 대한 신앙을 지니고 그분을 사랑하라. 음탕한 생각과 육체의 기쁨으로부터 자신을 지키라. 잠언에도 쓰여 있듯이, 자신의 배를 채우는 것에 기만당하지 말라. 허영으로부터 달아나고 끊임없이 기도하라. 잠자기 전과 깨어날 때 찬송을 부르라. 성경에 있는 규율들을 마음에 새기라. 성인들의 행동을 마음에 간직하여 영혼이 언제나 계명을 염두에 두게 하고 성인들의 열심을 배우도록 하라."

그는 특별히 다음과 같은 바울 사도의 말을 끊임없이 실천하라고 강조했다. "해가 질 때까지 노여움을 품고 있지 말라."엡 4:26 또한 이 말이 다른 모든 계명에 대해서도 말하는 것임을 고려하여, 해가 질 때까지 노여움뿐만 아니라 우리의 다른 어떤 죄도 품고 있지 말라고 가르쳤다.

안토니우스는 계속 말했다.

"태양이 낮 동안 우리가 저지른 악함을 비난하게 하지 말고, 달도 밤에 우리가 저지른 죄 또는 그 죄의 의향조차도 비난하게 하지 않도록 하는 것이 매우 필요하다. 이런 상태가 우리 안에 지켜지고 있는지를 알기 위해 다음과 같은 바울 사도의 말을 염두에 두는 것이 좋다. 자기가 이렇게 살고 있는지 여러분 스스로 따져 보아라. 스스로 시험해 보아라.고후 13:5 따라서 날마다 그 날 낮과 밤 동안 자신의 행동에 대해 스스로 이야기 해보고, 만약 죄를 지었다면 그치도록 하라. 만약 죄를 짓지 않았다면, 자랑하도록 내버려 두지 말라. 그보다는, 선을 지속적으로 행하고 부주의하게 되지 말라. 또한 이웃을 비난하지 말고 스스로 의롭다고 단언하지도 말라. 사도 바울이 말했듯이, 숨은 것들도 모두 찾아내시는 주님께서 오실 때까지 말이다. 왜냐하면 우리는 자주 자신이 하는 것들을 알아차리지 못하기 때문이다. 그러나 우리가 그것을 깨닫지 못할지라도 주님께서는 모든 것을 아신다.

그러므로, 판단은 그분께 맡기고 우리는 연민을 갖고 서로를 대하자. 또한 다른 이들의 짐을 함께 지어주자.갈 6:6 자신을 스스로 검토해 보고 우리에게 부족한 것을 온전하게 하도록 애쓰자. 이런 말이 예방책으로 작용하여 우리가 죄를 짓지 않도록 하자. 우리 각자가 스스로의 행동과 영혼의 움직임을 주시하고, 서로에게 이야기하듯이 기록하자. 이것이 알려지는 것을 부끄러워하면서, 우리는 죄짓는 것이나 악한 어떤 것에 대해 생각하는 것까지 확실히 멈출 수 있다. 누가 죄를 짓는 동안 보이기를 원하겠는가? 또는 죄를 지은 후 누가 드러나지 않기를 바라면서 거짓으로 꾸며대기를 선호하지 않겠는가? 따라서, 우리가 서로를 직접 관찰한다면 간음을 저지르지 않듯이, 만약 우리가 서로 보고하듯이 우리의 생각을 기록한다면, 우리는 의심할 여지 없이 불순한 생각들로부터—그것이 알려짐을 부끄러워하면서—자신을 지킬 수 있을 것이다. 이 기록이 우리 동료 수도사들의 눈을 대신하게 함으로써, 쓰는 것이 보여지는 듯이 창피스러워 우리가 악한 것들에 결코 흡수되지 않게 하자. 이런 방식으로 우리 자신을 형성해 가면서 우리는 자신의 몸을 순종하도록 할 수 있다. 그리하여 주님을 기쁘시게 하고 또한 적의 기만을 짓밟아 버릴 수 있다."

56. 이러한 것이 안토니우스가 그에게 왔던 사람들에게 주었던 충고였다. 그는 고통을 겪는 사람들을 측은히 여겼고 그들을 위해 기도했다. 주님께서는 많은 경우 그 사람들을 대신해서 안토니우스가 드렸던 기도들을 이루어주셨다. 안토니우스는 하나님께서 그의 기도를 들어주셨을 때 자랑하지 않았고, 그렇지 않았을 때에도 기분 상하지 않았다. 오히려 그는 주님께 항상 감사드렸다. 그는 고통을 겪는 사람들에게 인내하라고 격려했고 치유는 그가 이루는 것이 아니고 다른 인간들이 하는 것도 아니라는 것을 알라고 충고했다. 오로지 하나님께서 원하실 때, 그리고 그분께서 원하시는 사람들에게 그분께서 일하신다. 이리하여 고통을 겪는 사람들은 안토니우스의 말을 마치 그것이 치유인 양 받아들이곤 했고, 낙심하지 않고 오히려 인내하는 법을 배웠다. 치유되었던 사람들은 안토니우스가 아닌 하나님께만 감사를 드리라고 가르침을 받았다.

신앙과 기도에 의해 치유된 프론토Fronto

57. 당시 로마제국의 관직에 있던 프론토라는 이름을 가진 남자가 끔찍한 상태를 겪고 있었다. 그는 자신의 혀를 깨물곤 했으며 두 눈을 잃을 위험에 처해 있었다. 그는 안토니우스가 사는 산으로 와서 그에게 자신을 위해서 기도해 달라고 간청했다. 안토니우스는 그에게 말했다. "떠나시오. 그리하면 당신이 치유될 것입니다." 그러나 그는 난폭했고 며칠 동안을 거기에 남아 있었다. 안토니우스는 계속해서 말하였다. "당신이 여기 머물러 있으면 당신은 치유될 수 없을 것입니다. 가시오. 당신이 이집트에 도착할 때 당신에게 일어난 징표를 보게 될 것이오." 그러자 프론토는 믿고 떠났다. 안토니우스가 기도하는 동안 구원자 되신 분으로부터 받은 말대로, 이집트에 도착하자마자 그의 고통은 그쳤고 건강하게 되었다.

어떤 여자 수도자 그리고 증거자 파푸누티우스
Paphnutius the confessor

58. 트리폴리Tripoli의 부시리스Busiris에 사는 어떤 젊은 여인이 끔찍한 병을 앓고 있었다. 그녀의 눈과 코, 귀의 점액이 땅에 떨어지면 즉시 구더기로 변했다. 게다가 그녀의 몸은 마비가 되었고 눈에도 결함이 있었다. 그녀의 부모는 수도사들이 안토니우스에게 간다는 말을 듣게 되었다. 피를 흘리던 여인을 고쳐주셨던 주님께 대한 믿음을 갖고 그 부모는 수도사들에게 자신들이 딸을 데리고 그들과 함께 여행하게 해달라고 간청했다. 수도사들이 그렇게 하도록 했다. 그 부모는 딸과 함께 산에 있는 안토니우스 거처 밖에 머물렀다. 증거자요 수도사인 파푸누티우스와 함께였다. 나머지 다른 사람들은 안으로 들어갔고 그들이 그 젊은 여인에 관해 그에게 말하려고 할 때 안토니우스는 그녀의 병과 어떻게 그녀가 그들과 함께 여행하게 되었는지를 말하기 시작했다. 그들이 그녀를 안으로 들여도 되는지를 묻자 안토니우스는 이를 허락하지 않고 대신 이렇게 말하였다. "가게 하라. 만약 그녀가 죽은 몸이 아니라면, 당신들은 그녀가 치유되는 것을 보게 될 것이

다. 이런 치유의 일은 내가 하는 것이 아닌데 그녀는 내게 왔다. 나는 초라한 한 사람에 지나지 않는다. 그녀의 치유는 구원자 되시는 분께서 하시는 일이다. 그분께서는 모든 곳에서 그분께 탄원하는 사람들에게 동정을 베푸신다. 이 경우에도 그녀가 기도할 때 주님께서 그녀를 돌아보셨다. 그분의 자비가 내게 보이신 것은, 그분께서 그녀가 사는 곳에서 그 병을 치유하시리라는 것이었다." 정말로 기적이 일어났고, 그 수도사들은 그녀의 부모가 기뻐하는 것과 완전히 건강해진 그들의 딸을 보았다.

두 형제 이야기

59. 두 형제가 안토니우스에게 오고 있었는데, 도중에 물이 다 떨어져서 한 명은 사망했고 다른 한 형제는 거의 죽게 되었다. 그는 계속 걸어갈 힘이 없어서 죽을 각오를 하고 땅에 누웠다. 한편 산에서 앉아있던 안토니우스는 마침 거기에 있던 두 수도사를 불렀다. 그가 그들을 재촉하며 말했다. "물 한 주전자를 가지고 이집트로 향하는 길로 뛰어가라. 여기로 오고 있던 두 남자 중에 한 사람이 이미 죽었고 다른 이는 그대들이

서둘러 가지 않으면 죽을 것이다. 내가 기도하고 있을 때 이것이 내게 보였다." 이리하여 두 수도사가 가서 죽어 있는 한 사람을 발견하여 묻어 주었고, 다른 한 사람은 물을 마시게 하여 회복시켰다. 그리고 그를 안토니우스에게로 데리고 갔다. 그 거리는 하루가 온전히 걸리는 여행이었다.

만약 누가 왜 안토니우스는 첫 번째 사람이 목숨을 잃기 전에 말을 하지 않았느냐고 질문을 던진다면, 그이는 올바르게 질문을 던졌다고 할 수 없다. 왜냐하면 분명히 죽음에 관한 판단은 안토니우스가 아닌 하나님에게서 온 것이기 때문이다. 그분께서 첫 번째 사람에 대한 판단을 내리셨고, 다른 사람에 대한 상황을 계시하셨다. 또한 이러한 경이로운 일은 안토니우스에게만 일어났다. 왜냐하면 그 산에서 앉아 있으면서 그의 마음은 항상 지켜보며 깨어있었기 때문에 주님께서는 그에게 먼 곳에서 벌어지는 일을 보여주셨다.

아문Amun의 죽음과 그에 관한 안토니우스의 비전

60. 다른 경우에 그가 산에 앉아 위를 바라보고 있을

때였다. 그는 공중에서 누군가가 위로 인도되는 것을 보았고, 또한 그를 만났던 사람들로부터 내뿜어지는 커다란 기쁨을 보았다. 경이로움에 차서, 또 그런 위대한 화합을 축복하면서 안토니우스는 이 비전이 뜻하는 것을 알기 위해 기도를 했다. 그러자 즉시 한목소리가 그에게 내려와 이것은 니트리아Nitria에 살던 수도사인 아문의 영혼이라고 말하였다. 그는 고령에도 수행을 지켜가던 사람이었다. 니트리아로부터 안토니우스가 있었던 산까지의 거리는 13일 동안 여행해야 할 만큼 떨어져 있었다. 그때 안토니우스와 함께 있었던 사람들은 그가 감탄하는 것을 보며 그 이유를 물었다. 그리하여 그들은 아문이 막 세상을 떠났다는 것을 들었다.

아문은 거기에 매우 자주 머물렀기 때문에 그는 잘 알려져 있었다. 그를 통하여 많은 표징이 일어나기도 했었다. 그중 하나를 들면 이러하다. 언젠가 아문이 리커스Lycus라고 하는 강을 건널 필요가 있었다. 그때는 범람의 시기였다. 그는 동료 테오도루스에게 서로 먼 거리에 있자고 요청했다. 그들이 강을 헤엄쳐 건널 때 서로 벗은 몸을 봐서는 안 되기 때문이었다. 테오도루스가 가고 나서, 아문은 벌거벗은 자신을 보는 것조차 부끄럽게 느꼈다. 계속하여 그는 수치스럽고 불안하게 느꼈다. 그러던 중 갑자기 그는 반대편 강기슭으로 옮겨졌다. 그때 신실한 사람인 테오도루스가 다가왔다. 그런데 아문이 물기도 없는 채로 자신보다 앞서 도착해 있는 것을 보고, 테오도루스는 아문이 어떻게 강을 건넜는지를 물어보았다. 테오도루스는 아문이 대답하고 싶어 하지 않는 것을 보고 그의 발을 잡고서는 무슨 일이 있었는지를 말할 때까지 놓아주지 않겠다고 협박했다. 이리하여 아문은 특별히 테오도루스가 말한 것으로부터 그의 단호함을 보고서 그에게 자기가 말하는 것을 자신이 죽을 때까지 아무에게도 말하지 말라고 부탁을 한 뒤, 자신이 들어 올려져서 반대편 기슭으로 옮겨졌다고 설명했다. 그리고 아문 자신이 물 위를 걷지는 않았다고 말했다. [왜냐하면 이것은 결코 사람에게 가능하지가 않기 때문이다. 오직 주님께, 그리고 그분이 허락한 사람들에게만 가능한 일인 것이다. 주님께서 위대한 사도 베드로의 경우에 허락하셨듯이 말이다.] 따라서 아문이 죽고 나서야 테오도루스는 이것을 말했다.

안토니우스가 아문의 죽음에 관해 말해 주었던 수도사들은 그 날짜를 기록해 두었다. 형제들이 니트리아로부터 13일 후에 왔을 때, 그 수도사들은 아문이 세상을 떠난 날이 안토니우스가 아문의 영혼이 위로 들어 올려지는 것을 보았던 바로 그 날 그 시각이라는 것을 알게 되었다. 그들은 13일 여행거리만큼 먼 곳에서 일어났던 것을 즉각적으로 알았고, 또한 그 영혼이 위로 올려지던 것을 보았던 안토니우스 영혼의 순수함에 놀랐다.

아르켈라우스Archelaus 백작과 동정녀 폴리크라티아Polycratia

61. 한번은 아르켈라우스 백작이 바깥 산에서 안토니우스를 발견하고 그에게 라오디케아에 있는 폴리크라티아를 위해 기도해 줄 것을 청했다. 그녀는 훌륭한, 그리스도의 영으로 고무되어 있던 동정녀였는데, 과한 금욕적 수행 때문에 배와 옆구리에서 심하게 고통을 겪고 있었고 온몸이 약해져 갔다. 그리하여 안토니우스는 기도하였고 그 백작은 그 날을 기록해 두었다. 그가 라오디케아로 갔을 때, 그는 그 동정녀가 건강해

진 것을 발견했다. 그는 그녀가 병으로부터 나았던 때를 물으며, 자기가 기록해 두었던 종이를 꺼냈다. 그때를 확인하면서 그가 즉시 종이 위에 쓰여있는 것을 보이자, 모든 사람은 주님께서 그녀를 병으로부터 고쳐 주신 때가 바로 안토니우스가 그녀를 위해서 구세주의 선하심에 호소하며 기도하던 때라는 것을 깨닫고 놀라워했다.

62. 그를 방문했던 사람들과 관련하여, 그는 종종 왜 그들이 왔는지를 며칠 앞서서 때로는 몇 달 전부터 예견하였다. 사실, 어떤 이들은 그저 그를 보기 위해서 왔고 다른 이들은 병 때문에, 그리고 또 어떤 이들은 악마로부터 시달리기 때문에 왔다. 모든 이들은 자신들의 여행에 따르는 노력을 귀찮다거나 손실이 되는 것으로 생각하지 않았다. 왜냐하면 각 사람은 자신이 혜택을 받았음을 알아차리면서 돌아갔기 때문이다. 놀라운 것들을 말하고 볼지라도, 안토니우스는 그 누구도 이런 것 때문에 그에 대해 경탄하지 말라고 요청하곤 했다. 대신 우리에게 주님을 바라보며 경탄하라고 강조했다. 그분께서 우리에게 은혜를 부어 주셔서 우리 능력의 분량대로 그분을 알도록 하셨기 때문이다.

악마들을 쫓아내는 이상한 이야기들

63. 그 후 다른 경우의 일이다. 바깥 지역 거처로 내려와 있던 안토니우스는 배로 들어와 수도사들과 함께 기도해 달라는 요청을 받았다. 그때 그는 홀로 몹시도 불쾌하고 자극적인 냄새를 맡을 수 있었다. 배에 있던 다른 이들은 말하기를, 그 배에는 생선과 말린 고기가 있으니 그 냄새는 이것들 때문이라고 했다. 그러나 안토니우스는 그 악취는 뭔가 다른 것에서 온다고 주장했다. 그가 말을 하고 있는데, 어떤 귀신 들린 청년이 갑자기 부르짖었다. 그는 일찍이 배에 들어와 배 안에 숨어 있었던 것이다. 우리의 주 예수 그리스도의 이름으로 꾸짖음을 당하자 그 악마는 청년을 떠났고 그는 건강하게 회복되었다. 그제야 모든 이가 그 악취가 악마로부터 비롯된 것임을 알게 되었다.

64. 지위가 높은 어떤 사람이 악마에 시달리면서 안토니우스에게 왔다. 그 악마는 몹시 흉측했기 때문에 그 악마가 들린 남자는 자신이 안토니우스에게 가고 있다는 것을 알지 못했다. 그의 상태가 이러하였기 때문에 그는 자신의 배설물까지도 게걸스럽게 먹곤 하였다. 그를 데리고 가던 사람들은 안토니우스에게 그

를 위하여 기도해 달라고 간청했다. 안토니우스는 그 청년에게 연민을 느끼면서 기도를 올렸고 온 밤을 그를 지켜보며 보냈다. 새벽이 다가올 때, 갑자기 그 청년은 안토니우스에게 달려들어 그를 밀쳤다. 그와 함께 왔던 이들이 이에 화를 내자 안토니우스는 말했다. "이 젊은이에게 화를 내지 마시오. 그가 이러는 것이 아니라 그 안에 있는 악마가 하는 짓이기 때문입니다. 질책을 받고 메마른 장소로 추방된 그 악마가 격노하여 이런 짓을 하는 것입니다. 오히려 주님께 감사를 드리시오. 이런 방식으로 그자가 나를 공격하는 것은 그 악한 영이 떠났다는 표시입니다."

안토니우스가 이렇게 말하자 즉시 그 젊은이는 온전하게 돌아왔다. 마침내 정신을 제대로 차린 그는 자신이 어디에 있는지를 알게되고 안토니우스에게 경의를 표하고 하나님께 감사를 드렸다.

죄의 용서에 관한 안토니우스의 비전

65. 안토니우스에 관하여 수많은 수도사가 그가 겪었던 많은 다른 것들을 말하는데, 그들의 설명은 조화롭고 일관되어 있다. 그러나 이런 것들이 다른 더 엄청

난 것들보다 더 놀라워 보이지는 않는다. 한번은 안토니우스가 식사를 하려는데, 제 구 시(오후 3시)경 기도가 터져 나오면서 자신이 영 안에서 들리워졌음을 감지했다. 경이로운 것은 거기에 서 있는 가운데 마치 자신이 자신 밖에 있는 듯이, 또한 자신이 어떤 존재들에 의해 공중으로 인도되고 있는 것처럼 보였다는 것이다. 다음으로 그는 공중에 서 있는 더럽고 끔찍한 존재들을 보았는데, 그것들은 그를 붙잡아 지나가지 못하게 하려는 것 같았다. 그를 인도하는 존재가 그것들에 대항하자, 그것들은 그가 그들에게 해명하지 않는다면 그 이유가 무엇인지를 알기를 요구했다. 그것들이 그의 출생부터 그의 생애에 관한 설명을 요구하자, 안토니우스의 인도자들은 그것을 막으며 그들에게 말하였다. "주님께서는 그의 출생부터 시작되는 항목들을 깨끗하게 지워버리셨다. 그러하니 그가 수도사가 된 때부터 그리고 하나님께 자신을 헌신했던 때부터 너희들은 설명을 취할 수 있다." 그들이 비난의 화살을 그것들에게 겨누었고 비난을 증명하지 못하자, 그 앞에 길이 열려 자유롭고 아무런 방해가 없이 되었다. 바로 그때, 그는 자신이 돌아와서 서있는 것을 보았다.

다시 이전과 같은 안토니우스였던 것이다.

그런 뒤 먹는 것도 잊은 채 그는 그 날 나머지 시간과 온 밤을 신음하며 기도로 보냈다. 얼마나 많은 적이 우리의 싸움에 관련되는지 또한 얼마나 많은 수고가 한 사람이 공중을 통과하는 데에 따르는지를 보고 안토니우스는 놀라움을 금치 못하였다. 그는 이런 것이 바로 사도 바울이 "공중을 다스리는 지배자에 따라" 엡 2:2라고 말했던 그것임을 떠올렸다. 이 영역에서 대적은 싸움을 벌이고 지나가는 사람들을 저지시키려고 하면서 지배력을 행사하고 있다. 이 때문에 사도 바울은 특별히 다음과 같이 우리에게 권고하였다.

"악한 날에 그들에게 대항할 수 있도록, 그리고 모든 채비를 마치고서 그들에게 맞설 수 있도록, 하나님의 무기로 완전한 무장을 갖추십시오."엡 6:13

"적대자가 우리를 걸고 나쁘게 말할 것이 하나도 없어 부끄러운 일을 당하게 하십시오."딛 2:8

이것을 우리가 배웠으니, 바울 사도가 다음과 같이 말하는 것을 기억하도록 하자. "나로서는 몸째 그리되었는지 알 길이 없고 몸을 떠나 그리되었는지 알 길이 없지만, 하나님께서는 아십니다."고후 12:2 바울은 셋째 하늘까지 들어 올려졌고 발설할 수 없는 말씀을 들었다가 다시 돌아왔다. 한편 안토니우스는 공중으로 들어가는 자신과 또한 자유롭게 될 때까지 자신이 분투했음을 보았다.

영혼들의 길 그리고 사탄의 방해

66. 안토니우스에게는 또한 영적인 은총이 주어졌다. 그가 산에 홀로 앉아 묵상 중에 있을 때 이해하기 힘든 것이 있으면, 기도할 때 그분의 도우심을 받아 깨닫게 되었다. 그는 쓰여있는 대로, 하나님에 의하여 가르침을 받는 복된 사람이었다. 한 번은 그가 자신을 방문했던 사람과 영혼의 길과 이승의 삶 이후 영혼의 거처에 관한 대화를 나눈 적이 있었다. 그 다음 날 밤 위로부터 그 누군가가 그에게 큰소리로 외쳤다. "안토니우스, 일어나서 밖으로 나가 바라보아라!" 이에 그가 밖으로 나가서 [그는 그분께 순종케하여 자신을 유익하게 하시는 분을 알았다.] 위를 바라보니, 거대하며 보기 싫고 소름끼치는 누군가가 서서 구름에 닿아 있는 것이 보였다. 한편 위로 오르는 어떤 존재들이 보였는데 그들은 마치 날개를 가진 듯했다. 그 거대한 존재

는 손을 뻗쳤고 어떤 이들이 그에 의해 붙잡혔다. 그러나 다른 이들은 위로 날아오르며 마침내 그 거대한 자를 지나 아무 걱정 없이 상승했다. 그 거대한 자는 위로 올라가는 이들을 두고 이를 갈았다. 반면 다시 떨어지는 이들 때문에 기뻐했다.

그때 안토니우스에게 한목소리가 다가왔다. "네가 본 것을 이해하라." 그러자 그의 이해력이 열려 그는 이것이 영혼들의 길이었다는 것과 그 거대한 존재는 신실한 사람들을 시기하는 적대자였다는 것을 알아차렸다. 또한 그 거대한 자가 그의 권한 하에 있는 사람들의 통과를 방해하고 붙잡는다는 걸 이해했다. 그러나 그자는 사람들이 위로 지나갈 때 그자에게 굴복하지 않은 사람들을 잡을 수가 없다는 것도 이해했다. 이런 것을 보고, 본 것을 되새기도록 자극을 받으면서, 안토니우스는 앞으로 일어나는 것들을 향해 자신의 이해력이 더 진보해 나가도록 날마다 더욱 노력했다. 이런 모든 것들을 그가 스스로 사람들에게 알려주었던 것은 아니다. 왜냐하면 그는 많은 시간을 기도하고 자신이 바라보고 깨우치는 것들에 은밀하게 놀라면서 보냈기 때문이다. 그러나 그와 함께 있던 사람들이 그에게 묻고 졸랐을 때, 그들의 아버지 된 이로써 자녀들에게 그런것을 감출 수가 없어서 안토니우스는 말하지 않을 도리가 없었다. 그는 생각하기를, 그의 양심이 깨끗함에 따라 자신의 설명이 다른 이들에게 유익할 것이라고 여겼다. 또한 그들이, 수행이 좋은 열매를 낳고 비전은 그들의 고된 수고에 대한 위로로서 발생한다는 걸 배울 수 있으리라고 생각했다.

안토니우스가 안수받은 사람들을 존중하다

67. 안토니우스는 관대한 품성을 지녔고 그의 영혼은 겸손했다. 그런 사람이었음에도 그는 교회의 규율을 매우 엄격하게 지켰다. 그는 모든 사제가 자신보다 더 높은 존경을 받기를 원했고, 주교들과 사제들에게 머리를 숙이는 것을 수치스럽게 여기지 않았다. 부제가 도움을 청하며 그에게 왔을 때에도, 그는 유익한 것들에 관해 그와 상의했고 그이에게 기도를 하도록 했다. 그는 배우는 사람의 위치에 서는 것을 난처해 하지 않았다. 그는 자주 질문했고 그와 함께 있는 사람들이 대답하는 것을 듣고자 했다. 어떤 이가 유익한 어떤 것을 말하면, 그는 그 자신이 도움을 받았음을 인정했다.

그의 얼굴을 바라보는 것만으로도 굉장하고 커다란 은총이었다. 이런 선물도 구원자이신 분으로부터 그에게 주어진 것이었다. 그가 수많은 수도사 무리에 있을 때, 그를 이전에 만난 적이 없는 사람도 그를 보고자 도착하자마자 바로 다른 사람들을 지나쳐 안토니우스에게로 달려갔다. 마치 그의 모습에 매혹된 사람과도 같이 말이다. 다른 사람들로부터 그를 구별되도록 한 것은 그의 신체적 면모가 아니었고, 그의 인격의 차분함과 영혼의 순결함이었다. 그의 영혼은 혼돈으로부터 해방되었고 그의 감각들도 외적으로 흔들리지 않은 채 유지되었다. 영혼의 기쁨으로부터 그의 얼굴은 밝았고, 그의 거동을 보아도 그 영혼의 고요한 상태가 느껴졌다. 이것은 성경에도 쓰여 있는 바이다.

"마음의 즐거움은 얼굴을 빛나게 하며 마음의 근심은 그림자를 얼굴에 드리운다."잠 15:13

야곱은 라반이 나쁜 계략을 꾸미고 있다는 것을 알고 그의 부인에게 말했다. "당신 아버지의 얼굴이 나를 향하던 어제의 얼굴과 다르고 그 이전과도 같지 않구려."창 31:5 또한 사무엘은 다윗의 눈이 명랑함을 표현하고 있다는 것을 인식했고 우윳빛같이 하얀 치아를 보았다. 안토니우스도 이렇게 감지되었으니, 그의 고요한 영혼 때문에 그는 결코 어지럽혀지지 않았고, 그의 기쁜 마음 때문에 그는 결코 어두워 보이지 않았다.

그가 멜레티우스Meletius 분파, 마니Manes와 아리우스Arius 이단들을 배격하다

68. 신앙에 있어서 안토니우스는 참으로 훌륭한 정통파였다. 그는 처음부터 멜레티우스 분파주의자들의 사악함과 변절을 인식하면서, 그들과 결코 친교하지 않았다. 또한 마니교도들이나 다른 이단자들과도 우정을 쌓지 않았다. 올바른 신앙의 변화를 촉구하는 이들을 제외하고 말이다. 그는 그런 자들과 친교를 맺거나 관계를 갖는 것이 영혼을 다치게 하고 파괴한다고 생각하며 이를 가르쳤다.

같은 이유에서 그는 아리우스파를 증오했다. 그는 사람들에게 그들 근처에도 가지 말고 그들의 잘못된 신앙을 나누어 갖지 말 것을 명령했다. 한번은 광적인 아리우스파 사람 몇 명이 그에게 왔다. 그는 그들의 의향을 살피고는 곧 그들의 불경함을 알아차렸다. 그는 그들의 가르침이 독사의 독보다 더 해롭다고 말하면서, 산에서 그들을 내쫓았다.

그가 아리우스파 사람들의 주장을 반박하다

69. 또 다른 경우에, 아리우스파 사람들이 안토니우스가 자신들과 같은 견해를 가지고 있다고 잘못 주장한 적이 있었다. 이에 안토니우스는 매우 신경이 거슬려 그들에 대해 분노했다. 그때 주교들과 다른 형제들의 소환을 받고 그가 산에서 내려왔다. 그는 알렉산드리아로 가서 공적으로 아리우스파를 부정하면서, 그들이 마지막 이단이며 적그리스도의 선구자라고도 했다. 그는 하나님의 아들이 창조된 존재가 아니고 비존재에서 존재로 온 것이 아니며, 다만 그분은 영원한 '말씀'이시며 아버지의 본질과 동일한 지혜이심을 사람들에게 설파했다.

그는 다음과 같이 주장했다. "따라서 그분이 존재하지 않았던 때가 있었다고 말하는 것은 신성모독이다. 왜냐하면 '말씀'은 아버지와 항상 함께 존재하셨기 때문이다. 따라서 우리는 가장 사악한 아리우스파와 어떤 친교도 가져서는 안 된다. 왜냐하면 빛과 어둠의 친교란 없기 때문이다. 우리는 하나님을 경외하는 그리스도인이다. 그러나 그들은 하나님 아버지의 아들이신 말씀이 창조된 존재라고 말하기 때문에 이교도와 조금도 다르지 않다. 이교도들은 창조주보다는 피조물을 섬기기 때문이다. 우주 만물 자체가 그들에게 분노한다는 것이 확실하다. 왜냐하면 그들은 창조주요 모든 이들의 주님을 창조물들 가운데 하나로 넣기 때문이다. 모든 것들은 그분 안에서 만들어졌는데 말이다."

안토니우스가 많은 이들을 회심시키고 아타나시우스가 알렉산드리아에서 그를 호위하다

70. 그리스도를 거스르는 이단이 안토니우스에 의해 정죄 받자, 사람들은 모두 기뻐했다. 그 도시에 있는 모든 이들이 안토니우스를 보기 위해 함께 몰려갔다. 그리스인들과 그들의 사제들로 불리는 이들이 교회로 와서 말했다. "우리는 하나님의 사람[모든 이가 그를 이렇게 불렀다]을 보기를 청합니다." 또한 거기에서도 주님께서는 안토니우스를 통해 많은 사람에게서 악마를 쫓아내셨고 또한 정신적으로 장애를 지닌 사람들을 치유해 주셨다. 많은 그리스인이 안토니우스를 만지게만 해달라고 요청했다. 그렇게 함으로써 그

들도 유익함을 얻으리라고 믿었던 것이다. 의심의 여지 없이 그 며칠 동안에 많은 이들, 즉 보통은 한 해 동안 만들어질 수 있는 규모의 사람들이 그리스도인이 되었다. 비록 어떤 이들은 그가 군중에게 시달려서 모든 이들을 쫓아버렸다고 생각했지만, 사실상 그는 이러한 상황을 개의치 않았다. 오히려 그는 이렇게 말했다. "이 사람들은 우리가 산에서 대항해 싸우는 악마들보다 더 많지 않습니다."

71. 그가 떠날 때 우리는 그를 호위하고 있었다. 우리가 도시의 문에 이르렀을 때였다. 어떤 여인이 우리 뒤에서 큰소리로 외쳤다. "하나님의 사람이여 기다려 주셔요! 제 딸이 악마에 의해 엄청나게 시달리고 있답니다. 멈추어 주세요, 당신께 간청드립니다. 제가 뛰다가 다치지 않도록 해주십시오!"

안토니우스는 그 여인의 소리를 들었고 우리가 간청했을 때, 그는 기꺼이 멈추었다. 여인이 가까이 다가왔고 그녀의 딸이 땅바닥에 거칠게 던져졌다. 안토니우스가 그리스도의 이름을 부르며 기도하자 그 아이는 일으켜져 건강하게 회복되었다. 더러운 악령이 그녀를 떠났기 때문이었다. 그 어머니는 하나님을 찬양했고 모든 이들이 감사를 드렸다. 그 또한 기뻐하며 그의 집인 산을 향해 떠났다.

그가 여러 그리스인과 철학자들을 설득하다

72. 안토니우스는 또한 몹시 지혜로운 사람이었다. 비록 그가 글을 배운 사람은 아니었지만, 그는 놀랍도록 예리하고 지적이었다. 예를 들자면, 두 명의 그리스 철학자들이 그를 시험하려고 그의 거처를 방문한 적이 있었다. 그는 그때 바깥 산에 머물고 있었다. 그들의 외모를 보고 어떤 사람들이라는 걸 파악한 그는 그들에게로 나가 통역사를 통해 말했다. "철학자 선생들이여, 어찌하여 당신들은 이 어리석은 사람을 만나기 위해 이토록 많은 수고를 들여 여기까지 오셨습니까?" 그들이 대답하기를, 그는 어리석지 않고 매우 현명하다고 하자, 그가 이어서 말했다. "당신들이 어리석은 사람에게 왔다면, 그 수고는 지나친 것이겠지만, 다만 여러분이 나를 지혜롭다고 생각한다면, 나와 같은 사람이 되십시오. 왜냐하면 우리는 선한 것을 본받아야 하기 때문입니다. 내가 당신들에게 간다면, 나는 당신들을 본받을 것입니다. 그러나 당신들이 내게 왔기 때

문에 나와 같이 되십시오. 나는 그리스도인입니다." 이에 그들은 놀라워하면서 물러 나왔다. 왜냐하면 그들은 악마들조차도 안토니우스를 두려워하는 것을 보았기 때문이다.

73. 그 후에 그들과 비슷하게 다른 이들이 바깥 산에서 안토니우스를 만났다. 그들은 그가 글을 배우지 않았기 때문에, 그를 조롱하려고 생각했다. 안토니우스가 그들에게 말했다. "어떻게 생각하시오? 정신과 글자 중에 무엇이 우선입니까? 어떤 것이 그 무엇의 원인입니까, 정신이 글자의 원인인가요, 아니면 글자가 정신의 원인인가요?" 그들이 정신이 우선이고 글자의 발명자는 그다음이라고 대답하자, 안토니우스는 말했다. "이제 당신들은 정신이 건강한 사람에게 글자는 필요 없다는 것을 알 것입니다." 이 말은 그 자리에 있던 사람들과 그 방문객들 모두를 놀라게 했다. 그들은 놀라워하면서 물러났다. 왜냐하면 정식으로 교육받지 않은 사람에게서 그와 같은 지식을 보았기 때문이었다. 안토니우스에게서는 산에서 길러지고 거기에서 나이 들어간 사람이 가질만한 거친 태도를 찾을 수 없었다. 그 대신 그는 품위 있고 예의 바른 사람이었으며, 그의

말은 신성한 양념이 가미된 듯 노련미가 넘쳤다. 그리하여 그 누구도 그에게 분개할 수 없었고, 반면에 그에게 왔던 모든 이가 그로 인해 기뻐했다.

74. 후에 또 다른 어떤 이들이 그에게 왔다. 그들은 그리스인 가운데서 지혜로운 자로 여겨지는 사람들이었다. 그들은 안토니우스에게 그리스도를 믿는 신앙에 대한 조언을 구했다. 그들이 거룩한 십자가에 대한 설교를 삼단논법을 이용하여 시도하고 이리하여 조롱하려고 하자, 안토니우스는 잠시 말하기를 멈추었다. 무엇보다 그들의 무지를 보며 그들을 측은하게 여기면서 안토니우스는 말했다. [그는 통역자를 통해서 말했는데 그의 통역자는 그의 말을 훌륭하게 전했다.]

"어느 쪽이 더 나은가요? 십자가를 고백하는 것인가요, 아니면 간통과 남색의 행위를 당신들이 신이라고 부르는 존재에게 돌리는 것인가요? 우리에게서 시작된 것은 용기의 신호이고 죽음에 대한 경시의 증거이며, 당신들의 가르침은 방탕한 일들과 관련이 있습니다. 다시 봅시다. 무엇이 더 좋은가요? 하나님의 말씀이 변함이 없고 여전히 남아있으면서, 다만 그가 인류의 구원과 유익을 위하여 사람의 몸을 취했고, 그리하여 인간적 출생을 공유함으로써 인간이 신적이고 영적인 본성에 참여하는 것을 가능케 하셨다는 것인가요? 아니면, 신성을 매우 비이성적인 존재들로 만들어서 네 발 달린 피조물과 기어 다니는 파충류, 그리고 사람의 형상을 예배하는 것인가요? 이러한 것들이 지혜로운 당신들에게 예배의 대상이니까요! 당신들은 그리스도께서 인간으로서 오셨다고 말하는 우리를 얼마나 조롱하는가요? 당신들은 하늘로부터 영혼을 분리시키면서, 영혼이 헤매어 돌아다니다가 하늘의 둥근 천장으로부터 육체 속으로 떨어졌다고 말하면서요. 그 영혼이 오직 인간의 육체 속으로만 떨어져야 했을텐데요! 그것이 변해서 네발 달린 짐승과 파충류 속으로 떨어지지 않았어야 했을텐데요! 우리의 신앙은 인류의 구원을 위해서 일어났던 그리스도의 도래를 선포합니다. 반면 당신들은 창조되지 않은 영혼을 신봉하면서 기만당하고 있지요. 우리는 신적 섭리의 권능과 자애로움을 이해하고, 따라서 '그리스도의 오심'이 하나님께는 불가능한 것이 아니었음을 알고 있지요. 반면에 당신들은 영혼이 절대정신Mind의 이미지라고 말하면서, 그 영혼을 타락과 연결하고 그것이 가변적이라는 신화를 유포시킵니다. 그래서 결과적으로 절대정신 자체가 영혼에 의해 변할 수 있다는 생각을 도입하고 있습니다. 이미지(또는 유사성Likeness)의 본성이 무엇이든지 간에 필연적으로 그것은 그것이 반영하는 존재의 본성입니다. 당신들이 절대정신에 관해 그런 생각을 주장할 때마다, 당신들은 절대정신이신 그분을 모독하고 있다는 걸 아십시오.

75. 십자가에 관해서, 당신들은 어떻게 말하면 더 좋겠습니까? 악한 인간에 의해 모략이 들어오게 되었을 때, 그것을 감당하기 위해서입니까? 아니면 모든 형태의 죽음 앞에서 그것에 대한 공포에 움츠리지 않기 위해서입니까? 아니면 오시리스Osiris와 이시스Isis의 방랑생활을, 티폰Typhon의 음모를, 크로노스Kronos의 도주를, 자녀들을 삼켜버리고 아버지를 살해한 신화를 이야기하기 위해서입니까? 이런 것들이 여러분이 지혜롭다고 여기는 것이지요. 당신들은 십자가를 조롱하면서, 왜 부활에 관해서는 놀라지 않나요? 부활에 관해 말했던 사람들이 십자가에 대해서도 썼습니다. 당신들은 십자가를 언급하면서도 왜 죽었다가 일으켜진 사람에 대해서, 시력을 되찾았던 장님에 대해서, 치유되

었던 중풍병자에 대해서, 깨끗하게 나은 나병환자들에 대해서, 바다 위를 걸어가는 것에 대해서, 그 외의 모든 경이로운 표징들에 대해서는 침묵하나요? 그 모든 것들이 그리스도는 그저 사람이 아니고 하나님이시라는 걸 보여주지 않습니까? 내가 보기에 당신들은 스스로 굉장히 부당한 일을 저지르는 것 같고, 진지하게 성경을 읽지 않은 것 같습니다. 성경을 읽고 그리스도께서 행하신 것들이 그분이 하나님이신 것을 드러내고 있음을 알아들으십시오. 그분께서는 인류의 구원을 위해서 오셨습니다.

76. 당신들의 종교적 믿음을 우리에게 말해 보십시오. 그 비이성적인 존재들에 대해서는 어떻게 생각하나요? 무분별하고 흉포스러운 면들을 제외하고 말입니다. 내가 들은 대로, 만약 당신들이 이런 것들은 사람들에 의해 신화로서 이야기되었다고 말하기를 원한다면, 페르세포네Persephone의 강간은 지상 세계를 우화한 이야기이고, 헤파이스토스Hephæstus의 절뚝거림은 불을, 헤라Hera는 공기를, 아폴로Apollo는 태양을, 아르테미스Artemis는 달을, 포세이돈Poseidon은 바다를 우화한 이야기라고 말하기를 원한다면, 당신들은 하나님을

예배하지 않고 모든 것을 창조하신 하나님 대신 피조물을 섬기는 셈입니다. 아마도 사람들이 이런 이야기들을 지었던 것은 창조물의 아름다움 때문이었을 것입니다. 그러나 당신들은 창조된 것들을 찬탄하되 신격화하지 말고, 창조주의 영광을 피조물에 돌리지 않는 것이 합당합니다. 그렇지 않다면, 이제 당신들은 건축가가 받아야할 영광을 그가 만든 집에 돌려야 하고, 장군의 영광을 병사에게 돌려야 합니다. 자, 이제 이런 것들에 관해 당신들이 어떻게 생각하는지를 우리에게 알려 주시오. 그리하여 십자가가 조롱당할만한 어떤 것을 지니고 있는지를 우리가 알 수 있도록 말이오!"

77. 그 사람들이 당혹스러워하면서 여기저기를 돌아보자, 안토니우스는 미소를 지으며 통역자를 통해서 다시 말했다.

"이런 창조물들은 바라봄 자체가 증거가 됩니다. 당신들은 증거를 보이라는 주장을 가지고 추궁해대고, 우리더러 논증을 통하여 보여진 증거가 없이는 하나님을 예배하지 말라고 합니다. 어떻게 하나님에 관한 지식과 같은 것들이 논증적 설명을 통하여, 또는 믿음의 행위를 통하여 정확하게 알려질 수 있는지를 우선 내게 말해 보시오. 어떤 것이 더 좋은가요? 하나님의 일하심을 통하여 비롯되는 믿음인가요, 아니면 논쟁을 통한 입증인가요?"

그들이 일하심을 통하여 비롯되는 신앙이 더 낫고 정확한 지식이라고 대답하자, 안토니우스는 말했다. "당신들은 대답을 잘 했습니다. 왜냐하면 신앙은 영혼의 본래 성향으로부터 일어나는 반면, 변증법은 그것을 구축하는 사람들의 기량으로부터 비롯됩니다. 그러므로 신앙을 통하여 행함을 갖게 된 사람들에게 있어서 논쟁을 통한 입증은 불필요하며 쓸데없는 것입니다. 우리가 신앙에 의해 인식하는 것을 당신들은 논쟁을 통하여 성립시키려고 시도하지요. 종종 우리가 이해하는 것을 당신들은 표현할 수조차 없어요. 따라서 신앙을 통한 행동이 당신들의 현학적 논쟁들보다 더 낫고 더 확실합니다.

78. 우리 그리스도인들은 그리스인의 추론적 지혜에서가 아니라, 다만 예수 그리스도를 통하여 하나님에 의해 우리에게 주어진 권능 안에서 신비를 간직하고 있습니다. 이 말이 참되다는 증거로서, 비록 우리가 글을 배우지 않았지만 우리가 하나님을 믿고 또한 그분

의 일하심을 통하여 모든 것에 대한 그분의 섭리를 알고 있다는 것을 보십시오. 우리의 믿음이 실질적이라는 증거로서 우리가 그리스도께 대한 신뢰에 의존하고 있는 반면, 당신들은 현학적인 말들의 싸움에 의존하고 있음을 보십시오. 당신들 가운데 그 우상의 허깨비들은 이제 폐지되어 가고 있지만, 우리의 신앙은 도처로 퍼지고 있습니다. 당신들의 삼단논법과 궤변으로는 사람들을 그리스도교로부터 헬레니즘으로 전향시키지 못합니다. 그러나 우리는 그리스도께 대한 신앙을 가르침으로 당신들의 미신을 드러냅니다. 왜냐하면 모든 사람이 그리스도께서 하나님이시고, 또한 하나님의 아들이심을 인식하고 있기 때문입니다. 당신들은 그 달변으로도 그리스도께 대한 가르침을 방해할 수 없습니다. 그러나 우리는 십자가에 처형되신 그리스도의 이름을 부르면서 당신들이 신들로서 두려워하는 귀신들을 모두 쫓아냅니다. 십자가 표시가 있는 곳에서 마법은 힘을 잃고 요술은 아무 효과가 없습니다.

79. 말해 보시오. 이제 당신들의 신탁은 어디에 있습니까? 이집트인들의 (마술을 걸기 위한) 주문은 어디에 있습니까? 마술사의 환영들은 어디에 있습니까?

그리스도의 십자가가 들어 올려진 때가 아니라면, 언제 이 모든 것들이 끝나고 힘을 잃었겠습니까? 그렇다면, 이 십자가가 조롱받아 마땅합니까, 아니면 십자가 때문에 폐지되고 약화된 것들이 조롱받아야 합니까? 경이로운 것이 또 있지요. 즉, 당신들의 종교는 결코 박해를 받은 적이 없고, 사실 모든 도시에서 사람들 가운데 존중되어 왔습니다. 한편, 그리스도를 따르는 사람들은 박해를 받았지만, 여전히 우리의 가르침은 번창하며 당신들을 능가하면서 믿는 이들의 수가 증가하고 있습니다. 당신들의 종교는 환영받고 인정받았지만 소멸되고, 그리스도께 대한 신앙과 가르침은 당신들에게 비웃음 당하고 왕들에 의해 종종 박해당했으나 세상을 채우고 있습니다. 언제 하나님께 대한 지식이 그렇게 찬란하게 빛났습니까? 언제 자신에 대한 절제와 동정童貞의 덕이 지금처럼 그렇게 나타났습니까? 그리스도의 십자가가 나타났던 때가 아니라면, 언제 죽음이 그렇게도 무시되었습니까? 그것은 사람들이 그리스도 때문에 죽음을 두려워하지 않는 순교자들을 볼 때, 또한 그리스도 때문에 순결하고 정결한 교회의 동정 남녀들을 볼 때라는 것을 그 누구도 의심하지 않습니다.

그가 악령에 시달리는 사람을 치유하여 철학자들이 틀렸음을 입증하다

80. 이런 표징들은 그리스도께 대한 신앙만이 하나님을 예배하는 진정한 종교라는 걸 충분히 입증합니다. 그러나 보시오! 당신들은 여전히 믿지 않으면서 논쟁을 추구합니다. 그러나 우리는, 우리의 스승이 말했듯이, 그리스적 지혜와 같이 그럴듯한 말들로써 증명하지 않습니다.고전 2:4 우리는 논쟁적인 증거보다 분명히 앞서는 신앙에 의해 설득합니다. 보십시오. 여기 악마에게 고통을 겪는 사람들이 있습니다. [왜냐하면 그때 악마에 의해 괴롭힘을 겪고 있는 몇 사람들이 그에게 와 있었기 때문에, 그는 그들을 한가운데로 데리고 오도록 말했다.] 당신들은 당신들의 논증으로 그리고 당신들의 우상을 부르면서 원하는 기술이나 마술로 이 사람들을 치유하렵니까? 아니면, 당신들이 할 수 없다면, 우리를 상대로 벌이는 싸움을 그만두고 그리스도의 십자가의 힘을 바라보시오!"

이런 것들을 말한 뒤 안토니우스는 그리스도를 부르면서 고통을 겪는 사람들에게 십자가 표시를 두세 번 그었다. 그러자 즉시 사람들이 건강하게 되어 일어났고, 그들은 정신이 온전하게 되어 주님께 감사를 드렸다. 철학자로 불리던 그 사람들은 안토니우스의 지혜와 눈앞에서 일어난 경이로운 일에 참으로 크게 놀랐다. 안토니우스가 말했다.

"왜 이것을 두고 놀랍니까? 이런 것을 하는 이는 우리가 아니고 그리스도이십니다. 그분께서는 그분을 믿는 사람들을 통하여 이런 일들을 행하십니다. 당신들이 믿는다면, 당신들은 우리에게 있는 것이 말을 통한 기술이 아니고 다만 그리스도를 위하여 일하는, 사랑을 통한 신앙이라는 걸 알게될 것입니다. 또한 만약 당신들이 이런 것을 지니고 있다면, 당신들은 더 이상 논쟁을 통한 증거를 추구하지 않고, 그리스도께 대한 신앙이 그 자체로 충분하다는 것을 깨달을 것입니다."

이것이 안토니우스의 말이었다. 그에게 놀라며 그들은 그에게 경의를 표하고 떠났다. 그들은 안토니우스로부터 유익함을 얻었음을 인정했다.

황제들의 편지와 안토니우스의 답장

81. 안토니우스의 명성은 통치자들에게도 알려지게 되었다. 콘스탄티누스Constantinus(272-337) 황제와 그의 아들들, 콘스탄티우스Constantius(317-361) 황제와 콘스탄스Constans(320-350) 황제는 그런 것들을 듣고서는 아버지에게 하듯이 안토니우스에게 편지를 쓰고 또한 답장 해줄 것을 간청했다. 그러나 안토니우스는 답글을 쓰려고 하지 않았고, 편지에 대해서 기뻐하지도 않았다. 황제들이 그에게 편지를 썼다고 해서 그에게 달라진 것은 하나도 없이 그는 스스로 똑같은 상태로 있었다. 편지들이 그에게 전달되었을 때, 그는 수도사들을 불러 말했다.

"통치자가 우리에게 편지 쓰는 것을 굉장하게 여기지 마시오. 그는 한 인간일 뿐입니다. 그 대신, 하나님께서 인간을 위하여 계명을 쓰셨음을, 그리고 그분의 아들을 통하여 우리에게 말씀하셨음을 경탄하십시오."

그는 그런 편지들에 대해 어떻게 응답해야 하는지를 모른다고 말하면서 편지들을 받으려고 하지 않았다. 그러나 수도사들이 충고하듯이 그 통치자들이 그리스도인이었고, 또한 답장을 보내지 않음으로써 그들의 기분을 상하게 하지 않기 위해, 그는 그것들이 읽혀지도록 허락했다. 그리하여 그는 답장을 썼다. 그리스도께 대한 그들의 예배에 대해 그들을 인정하면서, 그는 구원에 관해 충고했다. 즉, 현재적 실제를 굉장한 것으로 여기지 말고 오히려 다가오는 심판을 고려하고, 그리스도 홀로 참되고 영원한 통치자이심을 인식하라고 충고했다. 또한 그는 그들에게 자비를 베풀고 정의롭고, 가난한 사람들에게 주의를 기울이는 왕이 되기를 간청했다. 그리하여 그 통치자들은 답장을 받고서 기뻐하였다. 이렇듯이 그는 모든 사람에게 소중하게 여겨졌고, 그들은 그를 아버지로서 대할 수 있기를 청했다.

그가 환영을 통해 아리우스파 사람들이 하는 일들을 보다

82. 안토니우스는 곧 위대한 사람으로 알려지게 되었다. 안토니우스는 그를 찾던 사람들에게 응답한 뒤, 깊숙한 산으로 다시 돌아가 평상시의 수행을 계속해 나갔다. 사람들이 그를 방문했을 때, 그는 앉아 있거나 걷고 있었는데 종종 무언가에 놀라서 말이 안 나오

는 상태로 있었다. 얼마 후 그는 그가 보살피던 형제들 앞에서 조언을 주던 일을 다시 시작했다. 그와 함께 있던 수도사들은 그가 어떤 굉장한 광경을 보고 있다는 것을 알아차렸다. 왜냐하면 그가 산에 머물고 있을 때, 그는 자주 이집트에서 일어난 일들조차 보곤 했기 때문이다. 이런 것을 그는 자신과 함께 머물고 있었던 세라피온Serapion 주교에게 말했다. 세라피온 주교는 안토니우스가 환영에 사로잡혀 있다는 것을 알았다.

한번은 앉아서 수행하고 있을 때, 그는 이른바 황홀경에 들어갔는데 그 광경 중에 그는 힘에 겨워 엄청나게 괴로운 소리를 냈다. 그런 후에 옆에 있던 수도사들에게 몸을 돌리고 떨면서 고통스러운 신음을 냈다. 그리고 기도를 드리며 무릎을 꿇으면서 오랫동안 그대로 있었다. 그가 일어섰을 때 그는 울고 있었다. 그와 함께 있던 사람들도 놀라서 떨면서, 무슨 일이 있었는지를 그에게 듣고자 간청했다. 그들이 간절히 바라므로 어쩔 수 없이 안토니우스가 고통스럽게 신음하며 말했다. "나의 자녀들이여, 여러분이 내가 환영에서 본 일들이 일어나기 전에 이 세상을 떠나는 것이 더 낫겠습니다." 그들이 다시 묻자 눈물을 흘리며 그가 말했다. "분노가 교회를 엄습하려고 합니다. 비이성적인 짐승같은 자들에게 교회가 넘겨지려고 합니다. 내가 교회의 제단을 보았을 때, 노새들이 원을 지어 그것을 둘러싸고 안에 있는 것들을 발로 차고 있는 것이었습니다. 마치 한 무리가 반항적으로 뛰어 날뛸 때 발길질해대는 것과도 같았습니다. 여러분들은 내가 얼마나 힘에 겨워 괴로운 소리를 내었는지를 분명히 보았지요. 왜냐하면 나는 어떤 한목소리가 '나의 제단이 더럽혀질 것이다'라고 말하는 것을 들었기 때문입니다."

그가 이렇게 말한 뒤 2년이 지나 아리우스파 사람들에 의한 현재의 공격이 시작되었다. 그들은 교회를 장악하면서, 강압적으로 성스러운 교회의 제기Sacred Vessels를 가로채고 그것이 이교도들에 의해 노략질 당하도록 만들었다. 그들은 또한 이교도들을 그들의 자리에서 끌어내어 자신들과 한 무리를 이루도록 강요했다. 그리하여 그들은 교회의 제단에서 그들이 원하는 것을 했다. 그때 우리는, 아리우스파들이 짐승처럼 무분별하게 하는 일을, 발길질하는 노새들에 관한 그 환영으로 안토니우스에게 미리 보여졌던 것임을 이해하게 되었다.

그러나 그가 그 광경을 보았을 때, 그는 함께 있던 수도사들에게 다음과 같이 말하면서 위로했다.

"자녀들이여, 낙담하지 마십시오. 주님께서 한때 분노하셨지만, 그분께서는 다시 치유하실 것이기 때문입니다. 교회는 빠르게 고유한 그 아름다움을 회복할 것이고 전과 같이 밝게 빛날 것입니다. 여러분들은 박해를 당하는 사람들이 회복되고 불경한 자들이 그들의 은신처로 물러나는 것을 보게 될 것입니다. 동시에 거룩한 믿음은 온전히 자유롭게 되어 모든 곳으로 거침없이 선포될 것입니다. 그러하니 여러분 자신을 아리우스파들의 가르침으로 더럽히지 마십시오. 그들의 가르침은 사도들로부터 전해온 것이 아니고 악마들로부터, 또한 그것들의 아버지인 악마의 우두머리로부터 온 것입니다. 그것은 생명력 없는 불모지요, 마치 노새들의 무분별함과도 같이 비이성적이고 부정확합니다."

그의 치유함은 기도를 통하여 그리스도께서 행하시는 것이다

83. 그런 것들이 안토니우스가 말하고 행한 것이었다. 이런 경이로운 일들이 사람에 의해 이루어졌다고

회의를 품고 의심을 해서는 안 될 것이다. 왜냐하면 구원자이신 분의 약속이 다음과 같이 주어졌기 때문이다. "너희가 겨자씨 한 알만한 믿음이라도 있으면, 이 산더러 '여기서 저기로 옮겨 가라' 하더라도 그대로 옮겨 갈 것이다. 너희가 못 할 일은 하나도 없을 것이다."마 17:20 또한 그분께서 말씀하셨다. "내가 진실로 진실로 너희에게 말한다. 너희가 내 이름으로 아버지께 청하는 것은 무엇이든지 그분께서 너희에게 주실 것이다. … 구하여라. 받을 것이다."요 16:23

그리고 그분께서는 당신의 제자들과 그분을 믿는 모든 사람에게 이렇게 말씀하셨다. "앓는 이들을 고쳐주어라 … 마귀들을 쫓아내어라. 너희가 거저 받았으니 거저 주어라."마 10:8

84. 사실 안토니우스는 명령을 내림에 의해서가 아니라 기도하고 그리스도의 이름을 부름으로써 사람들을 치유했다. 그리하여 모두에게 분명해진 것은, 이런 치유는 그가 한 것이 아니고, 주님께서 안토니우스를 통하여 자비를 베푸셨고 고통을 당하던 사람들을 치유하셨다는 것이었다.

안토니우스가 한 일은 오직 기도하고 수행하는 것이

었다. 그렇게 하기 위하여 그는 산에 머물며 살았고 신적인 실체들을 명상하면서 기뻐했다. 그러나 너무나 많은 방문객들에 의해 방해를 받기도 하고 또한 바깥 산으로 내려와야 하는 일도 있었기 때문에 비탄에 잠기기도 했다.

재판관들도 그가 산에서 내려오기를 요청했다. 왜냐하면 그들은 그들을 따라다니던 소송 당사자들 때문에 그곳으로 갈 수가 없었기 때문이었다. 그들은 안토니우스에게 만날 수 있도록 와 달라고 요청했다. 안토니우스가 그들의 요구를 회피하며 그들에게 가는 것을 거절하였지만, 그들은 끈질기게 계속 요청하면서 군인들의 보호하에 사람들을 보내기까지 하여 그가 그들을 위하여 내려오도록 했다. 그는 끙끙대며 신음하는 사람들을 보며 사람들의 요구에 못 이겨서 바깥 산으로 내려갔다. 그가 옴으로써 많은 사람이 유익함을 얻었고 혜택을 보았다. 그는 재판관들을 도우면서 그들에게 모든 것에 앞서 정의로움에 가치를 두고 하나님을 두려워하라고 충고했다. 또한 그들이 판단하는 그 재판으로 그들이 심판을 받을 것이라는 걸 깨달으라고도 충고했다. 이 모든 것에도 불구하고 그는 산에서 사는 그의 생활을 그 어떤 것보다도 더 사랑했다.

어떤 고위 관료에게 지혜롭게 대답하는 안토니우스

85. 다른 경우에도 그는 곤궁에 처한 사람들로부터 이런 종류의 집요한 요청을 받는 것에서 자유로울 수 없었고, 군대 최고지휘관도 많은 전령을 보내면서 내려와 달라고 간청했다. 그리하여 그가 내려와 도움을 청했던 사람들에게 조언을 하고 또 구원에 관한 말을 전하고 나서는 다시 서둘러서 돌아가곤 했다. 그가 요청을 받아 갔을 때 한 고위 관료는 그에게 머물러달라고 간청하였다. 그는 자신이 그들 가운데 더 오래 남는 것이 가능하지 않다고 말하면서 멋진 비유를 들어 그 관료를 설득시켰다.

"물고기가 한동안 마른 땅에 남아 있으면 죽어버리는 것과 같이, 수도사들이 다른 사람들과 시간을 보내면서 오래 머물면 자신들의 힘을 잃고 말 것입니다. 따라서 우리는 산으로 다시 서둘러 가야 합니다. 물고기가 바다로 빨리 가야 하듯이 말입니다. 사람들 가운데 머물면서 우리가 우리 안에 있는 것들을 잊어버려서는 안되지요."

안토니우스로부터 이런 말들을 듣고 감탄하면서 그 지휘관은 말하였다. "참으로 이 사람은 하나님의 종이다. 그토록 놀랍고 상당한 이성이, 그가 하나님으로부터 사랑받는 사람이 아니라면, 어찌 평범한 사람에게서 나올 수 있겠는가!"

발라치우스라는 사령관이 안토니우스의 경고를 받고 불행한 최후를 맞다

86. 발라치우스 Balacius라고 하는 어느 군사령관이 우리 그리스도인들을 혹독하게 박해를 하였다. 그가 가증스러운 아리우스파를 열렬하게 추종하였기 때문이었다. 그자는 매우 흉포하여 수녀들을 때리기도 했고 수도사들을 발가벗겨 매질하기도 했다. 그리하여 안토니우스는 편지를 써서 그에게 보냈다. 그가 쓴 편지의 요점은 다음과 같다.

"나는 당신에게 다가오는 노여움을 보고 있소. 그 화가 당신에게 닥치지 않도록 그리스도인의 박해를 멈추시오. 지금 이 순간도 그것이 당신에게 몰려오고 있소!"

그러나 발라치우스는 비웃으면서 그 편지를 땅에 버

리고 침을 뱉으면서 그 편지를 가져온 사람들을 모욕했다. 그리고는 그들에게 안토니우스에게 전하라고 말했다. "당신이 수도사들에 대해 염려하기 때문에, 나는 당신도 찾아 파헤치겠소."

5일이 지나기도 전에 화가 발라치우스에게 들이닥쳤다. 발라치우스와 이집트의 지방 행정책임자인 네스토리우스Nestorius가 알렉산드리아에서 나와 첫 번째 쉬는 장소로 가고 있을 때였다. 그곳은 차이루Chaireu라고 불리는 곳이었는데 그때 두 사람은 말을 타고 있었다. 그 말들은 발라치우스의 소유였고 그가 훈련시킨 말 중에서 가장 점잖았다. 그런데 그들이 그 장소에 도착하기 전에 그 말들이 서로 장난을 치며 뛰놀기 시작했다. 그러다가 갑자기 네스토리우스가 타고 있었던 더 점잖은 말이 발라치우스를 물더니 그를 아래로 던져버리고 그에게 달려들었다. 그 말은 이빨로 그의 허벅지를 난폭하게 찢어놓았고, 그는 서둘러 도시로 옮겨졌지만 3일 만에 죽고 말았다. 이에 모든 사람이 안토니우스가 예견했던 화가 그토록 빨리 현실로 일어난 것을 두고 놀랐다.

그가 약한 사람들의 병고를 짊어지고 온 이 집트에 큰 유익함을 베풀다

87. 그는 잔혹한 사람들에 대해 이런 식으로 경고하곤 했다. 그러나 그는 그에게 왔던 사람들을 매우 유익하게 가르쳐서 그 가르침을 받은 사람들은 바로 그들의 소송을 깨끗이 잊어버렸고, 대신 세상의 삶으로부터 물러난 사람들을 축복했다. 그는 불의의 희생자들을 매우 적극적으로 도왔다. 그가 손실을 당했다고 생각될 정도였다. 그는 모든 이에게 유익함을 가져오는 데에 있어 매우 유능했기 때문에 (그의 감화를 받아) 많은 군인과 부유한 다른 많은 사람도 세속의 삶을 떠나 그때부터 수도사가 되었다.

그는 마치 하나님께서 이집트에 내리신 의사같았다. 슬퍼하며 그에게 갔던 사람 중에 기뻐하며 돌아오지 않은 이가 있었던가? 죽은 사람을 두고 비탄해 하며 갔던 사람 중에 그 슬픔을 즉각적으로 떨쳐버리지 않은 사람이 있었던가? 분노한 채 그를 방문했던 사람 중에 애정을 품는 것으로 변하지 않은 사람이 누구라도 있었던가? 기진맥진하여 그를 만났던 가련한 사람 중에 그를 보고 그의 말을 들은 후 부유함을 멸시하지 않거나 가난함에서 자신을 위로하지 않은 사람이 있었던가? 의기소침하여 그에게 오던 수도사 중에 누가 그 어느 때보다 더 강해지지 않았는가? 산으로 와서 안토니우스를 본 젊은이 중에 즉시 쾌락을 포기하고 절제함을 사랑하게 되지 않은 사람이 있었던가? 악마에 의해 유혹된 채 그에게 왔던 사람 중에 구제되지 않은 사람이 있었던가? 생각으로 괴로워서 그에게 왔던 사람 중에 누가 고요해진 마음을 갖게 되지 않았는가?

분별의 대가이며 모든 사람에게 상담자였던 안토니우스

88. 내가 전에 말했듯이, 악한 영들을 분별하는 은사는 안토니우스의 금욕적 수도 생활에서 위대한 점 중의 하나였다. 그는 악한 영들의 움직임을 알았고 각 영이 어떤 지향과 성향을 가졌는지를 간파했다. 그 자신이 악한 영들에 의해 조종되지 않았을 뿐만 아니라, 그는 다른 사람들이 그들의 생각에서 괴롭힘을 당하면 어떻게 악령들의 모략을 전복시킬 수 있는지를 가르치며 그들을 격려하였다. 이렇듯 안토니우스는 사람들을 사로잡은 각 악령의 약점과 계략을 묘사하며 설명

하였다. 그로 인해 사람들은 마치 전쟁을 위해 준비된 사람처럼 되어 산으로 내려와서 악마와 그의 졸개들의 음모에 맞섰다.

결혼할 남자가 있어 결혼할 소망을 갖고 있던 많은 젊은 여성들이, 멀리서 안토니우스를 동경하면서, 그리스도를 위하여 동정녀로 남게 되었다. 또한 이국땅에 사는 사람들도 그를 찾아왔다. 그들도 다른 모든 사람과 똑같이 도움을 받았고, 마치 아버지에 의해 보내어지는 사람들처럼 고향으로 돌아가곤 했다. 안토니우스가 세상을 떠났을 때, 모든 이들은 아버지를 잃은 듯 그를 추모하며 서로를 위로하였고 그가 주었던 충고와 주의들을 충실하게 지켰다.

105살이 되어서도 수도사들을 권면하며 죽음 후 장례식에 대해서 충고하다

89. 내가 안토니우스의 삶의 마지막 순간을 회상하고, 또한 여러분들이 그것을 듣는 것은 [여러분이 바라고 있듯이] 가치가 있다. 왜냐하면 그의 죽음조차도 본받을 만한 무언가가 있기 때문이다.

관례행사로 그가 바깥 산에서 살던 수도사들을 돌보

기 위해 왔을 때였다. 그때 그가 그의 죽음에 대한 섭리를 알게 되자 형제들에게 이렇게 말하였다.

"이번이 여러분들을 위한 마지막 방문이 될 것입니다. 이생에서 우리가 서로 다시 볼 수 있을지는 잘 모르겠습니다. 내가 세상을 떠나야 할 때가 온 것이지요. 나는 거의 105살입니다."

이 말을 듣자 그들 모두는 울며 그 노인을 껴안고 입을 맞추었다. 그러나 그는 이방 도시에서 자신의 고향으로 여행하는 사람처럼 유쾌하게 말했고, 그들에게 그들의 수고에서 용기를 잃지 말고 수행에서 염증을 느끼지 말며 그 대신 날마다 죽는 것처럼 살아가라고 권면했다.

안토니우스가 그들에게 말했다.

"내가 전에도 말했듯이, 더러운 생각들로부터 영혼을 지키십시오. 성인들과 겨루고 멜레티안 분파주의 사람들에게 다가가지 마십시오. 여러분은 그들의 악과 불경한 평판을 알고 있습니다. 또한 아리우스파 사람들과도 어울리지 마십시오. 그들의 불경은 모든 이에게 분명하지요. 만약 여러분들이 그들을 편드는 재판관을 보더라도 불안해하지 마십시오. 왜냐하면 이런 것도 끝나게 될 것이기 때문입니다. 그들의 영화는 썩기 쉽고 순간적일 뿐입니다. 오히려 여러분 자신을 그들과의 접촉으로부터 깨끗하게 지키면서, 신앙의 아버지들의 전통, 특히 주 예수 그리스도께 대한 거룩한 믿음을 수호하십시오. 이런 믿음을 여러분은 성경에서 배워왔고, 또한 나 자신도 자주 이 믿음을 여러분에게 상기시켰습니다."

90. 형제 수도사들이 그에게 그들과 함께 머물며 거기서 세상을 떠나기를 촉구하였으나, 그는 여러 이유 때문에 그러한 제안을 거절했다. 그는 이런 것을 침묵으로 일관하였는데, 특별한 한 가지 이유가 있었다.

이집트인들은 장례식을 거행하는 데 있어 특별한 관습을 가지고 있다. 의로운 사람의 시신, 특히 거룩한 순교자들의 시신은 리넨으로 감싸서 그들을 땅에 묻지 않고 낮은 침대 위에 그 시신을 놓고 실내에 그들을 모셔두곤 한다. 이렇게 함으로써 그들은 돌아가신 분들에게 경의를 표하고자 했다.

안토니우스는 자주 주교에게 이 문제에 관하여 사람들을 가르칠 것을 요청하였다. 비슷한 방식으로 그는 다음과 같이 일반 그리스도인들을 가르치고 여성들을 꾸짖기도 했다. "이런 것은 이치에 맞지도 않고 존중할 만하지도 않습니다. 옛날 신앙의 조상들과 예언자들의 시신은 오늘날에 이르기까지 무덤에 보존되고 있습니다. 또한 주님의 시신도 무덤에 안치되었고 돌을 막아 놓아 삼 일째 날에 그분이 부활하실 때까지 감추어져 있었습니다."

이렇게 말함으로써 그는 거룩한 사람의 죽음일지라도 고인의 시신을 묻지 않는 사람은 법을 어기는 것임을 보여 주었다. 왜냐하면, 주님의 시신보다 더 위대하고 거룩한 시신은 없기 때문이다. 그리하여 그의 의견을 들었던 많은 이들이 고인의 시신을 매장했고, 좋은 가르침을 받은 것에 대해 주님께 감사를 드렸다.

안토니우스의 마지막 유언

91. 안토니우스는 기존의 장례 관습을 인식하면서 사람들이 그의 시신을 이런 방식으로 처리할 수도 있음을 두려워하며 서둘러서 바깥 산에 있는 수도사들에게 작별을 고하고 그곳을 떠났다. 평소와 같이 깊숙한 산에 머물기 위해 그곳으로 올라간 그는 몇 달 후에 아프게 되었다. 그는 그와 함께 있던 사람들을 불러

[그들은 두 명이었는데 안토니우스가 고령이었기 때문에 그를 도우면서 15년 동안 수행을 하면서 이 산에 머물러 있었다.] 그들에게 말했다.

"성경에 쓰여있는 대로, 나는 조상들의 길을 따라갑니다. 왜냐하면 나 자신이 주님으로부터 불려지고 있음을 알기 때문입니다. 잘 살피면서 오랫동안 지속해 온 여러분의 수행을 파멸시키지 않도록 하시오. 마치 지금 처음 시작하는 사람처럼, 여러분의 열심을 보존하기 위해 노력하십시오. 여러분은 악마의 계략을 알고 있지요. 비록 그들의 힘이 약화되었지만 그들이 얼마나 비열한지를 여러분은 압니다. 그러므로 그들을 두려워하지 말고 항상 그리스도로부터 영감을 얻으며 그분을 신뢰하십시오. 날마다 죽음을 맞이하듯이 살고, 자신에게 주의를 기울이며 내가 설교 시 가르친 것들을 기억하십시오. 여러분과 분파주의자들 사이에, 분명히 아리우스파 이단들과도 어떤 친교도 맺지 않도록 하시오. 여러분은 내가 얼마나 그들을 싫어했는지를 압니다. 그들의 그리스도를 둘러싼 싸움과 이단적 가르침 때문이지요. 그러므로 항상 여러분 서로를 협력자로서 여기며 서로 결속하기 위해 애쓰되, 무엇보다 먼저 주님 안에서, 그런 다음 성인들 안에서 그렇게 하시오. 그러면 이승의 삶 후에 그들은 여러분을 친구요 동반자로서 영원한 거주지 안으로 받아들일 것입니다.

이런 것들을 곰곰이 생각하며 그것에 마음을 두시오. 만약 여러분이 나를 아버지로서 따르고 기억한다면, 그 누구도 내 시신을 이집트로 가져가도록 허락하지 마십시오. 그들이 그것을 집에다 두지 않도록 말이지요. 내가 이 산으로 와서 여기에 머무른 것은 이런 이유 때문이었지요. 여러분은 내가 얼마나 이런 것을 행하던 사람들을 항상 바로잡았고, 그런 관습을 중지시키도록 요구했는지를 아시지요. 그러하니 나를 위해 내 장례를 여러분들이 손수 치뤄주고 나를 땅에 묻어주시오. 나의 말이 비밀로 지켜지도록 해주시오. 그리하여 여러분을 제외하고 다른 이들은 그 누구도 그 장소를 알지 못하도록 해주시오. 죽은 이들의 부활 때에 나는 우리 구세주로부터 썩어 없어지지 않을 내 몸을 다시 한번 받을 것입니다. 내 의복은 나누어 갖도록 하시오. 아타나시우스 주교에게 양가죽으로 된 옷과 내가 누워있는 망토를 전해 주시오. 이 망토는 그가 내게 전에 새것으로 주었는데, 지금까지 쓰면서 닳고 닳았지요. 세라피온 주교에게도 다른 양가죽 옷을 전해 주시오. 여러분은 털옷을 간직하기 바랍니다. 나의 자녀들이여, 이제 안토니우스가 떠나면서 더는 여러분과 함께 있지 못하니, 하나님께서 여러분을 지키십니다."

안토니우스의 죽음

92. 안토니우스가 말을 마치자 그들은 그를 포옹했다. 그는 마치 자신에게 오는 친구들을 보고 기뻐하는 듯이 자신의 발을 치켜들었다. [그가 거기에 누워 있었을 때 그의 얼굴은 기쁨에 찬 듯이 보였다.] 그는 죽어 신앙의 선조들에게로 옮겨졌다.

그러자 남은 제자들은 안토니우스가 그들에게 남긴 명령에 따라 준비하여 그의 시신을 싸서 땅에 묻었다. 지금까지 그곳이 어디인지는 그 두 사람을 제외하고는 아무도 모른 채 감추어져 있다. 그 복된 안토니우스의 양가죽 옷과 그가 낡아빠지도록 입었던 망토를 받았던 사람은 그것을 아주 소중한 보물처럼 안전하게 간직하고 있다. 이것들을 보는 것으로도 안토니우스를 바라보는 것과 같고, 그것들을 입는 것은 마치 기쁘게 그의 훈계들을 마음에 품는 것 같다.

그의 명성이 온 세상을 채우다

93. 이것이 안토니우스가 육신의 몸으로 살았던 마지막 삶에 관한 것이다. 앞서 그의 수행의 시작에 관한 것도 들려주었다. 그 인물의 덕과 견줄 때 이것들은 경미할지라도, 여러분들은 이 이야기로 인해 하나님의 사람인 안토니우스가 어떤 인물이었는지, 다시 말해 그의 청년 시절부터 고령의 나이에 이르기까지 수행의 삶에 열렬하게 헌신하며 그것을 지켜갔던 그가 어떤 인물이었는지를 더듬어 볼 수 있을 것이다.

나이가 들었을 때도 그는 결코 사치스러운 음식에 굴복하지 않았고, 육체의 노쇠함 때문에 옷의 형태를 바꾸지 않았다. 그는 발을 씻지도 않았지만 모든 면에서 어떤 손상도 입지 않고 지냈다. 그의 눈은 침침해지지도 않고 건강했고 그는 분명하게 보았다. 치아도 하나도 잃지 않았고 그것들은 그저 고령 때문에 잇몸이 닳았을 뿐이었다. 손과 발도 역시 건강했다. 전체적으로 그는, 목욕을 하고 다양한 음식과 옷을 먹고 입었던 일반 사람들보다 더 생기가 있었고 더 힘찬 기운을 지

녔던 것으로 보인다

그가 쌓은 덕에 대한 증거 그리고 그의 영혼이 하나님으로부터 사랑을 받았다는 증거는, 도처에서 유명한 이들과 모든 이들이 그에 대해 감탄하고 또한 그를 만난 적도 없었던 사람들에 의해서 그가 사랑받았다는 사실 안에서 보여진다. 안토니우스의 명성이 높았던 것은 그의 글 때문이 아니며 세상적 지혜 때문도 아니고 어떤 기교 때문에도 아니었다. 그것은 다만 하나님을 향한 그의 신앙심 때문이었다. 이것이 하나님으로부터 주어진 선물임을 누구도 부인하지 않을 것이다.

그가 산에서 앉아 있으면서 자신을 숨겼는데도 스페인이며 갈리아(지금의 북이탈리아, 프랑스, 벨기에를 포함한 지역), 그리고 로마와 아프리카 모든 곳에 알려졌다는 것은 어떻게 가능한 것인가? 하나님께서 당신의 사람을 모든 곳에서 알려지도록 만들지 않으셨다면 그것은 가능하지 않았을 것이고, 사실 그분은 시작부터 안토니우스에게 이것을 약속하셨다. 사람이 스스로 은밀하게 행하고 잊히기를 원할지라도, 그럼에도 주님께서는 그런 사람들을 모든 사람을 비추는 등불처럼 보여주신다. 그리하여 듣는 사람들이, 그분의 명령이 삶을 고쳐 바르게 하는 힘이 있다는 것을 알 수 있고, 또한 덕행의 길을 가는 열성을 얻을 수 있는 것이다.

맺음말

94. 이것들을 이제 다른 형제들에게도 읽어주시오. 그러면 다른 형제들도 수도사의 삶이 어떠해야 하는지를 배울 수 있을 것입니다. 또한 그들은 우리의 주님과 구원자 예수 그리스도께서 그분을 영광스럽게 하는 사람들을 영광스럽게 하신다는 것을 믿을 수 있을 것입니다. 나아가서 그들은, 그분께서 끝까지 그분을 섬기는 사람들을 하늘의 왕국으로 인도하실 뿐만 아니라, 이 땅에서도 그들의 명성을 높이게 할 것을 알게 될 것입니다. 그들이 자신을 감추고 물러나 있기를 추구할지라도 말입니다. 하나님께서 이렇게 하시는 것은 그들의 덕행 때문이고, 또한 다른 사람들에 대한 그들의 도움 때문입니다.

또한 필요한 경우라면 이것을 이교도들에게도 읽어주십시오. 그리하면 그들이 우리 주님이신 예수 그리스도께서 하나님이요 하나님의 아들이심을 이해할 수 있을 것입니다. 이교도들은 이로써, 신실하게 그분께 헌신하며 그분을 진정으로 믿는 그리스도인을 통해 귀신들이 신들이 아니라는 것을 알 수 있을 것입니다. 또한 이교도들은 그런 그리스도인들이야말로 인류를 거스르는 기만자요 타락시킨 귀신들을 짓밟고 쫓아버릴 수 있음을 깨닫게 될 것입니다. 예수 그리스도 우리의 주님을 통하여 그렇게 할 수 있다는 것을 말입니다.

그분께 영원무궁토록 영광이 있을지어다. 아멘.

에필로그

이단, 대형화, 권력과 맘몬을 이길 힘을 어디서 찾을 것인가?

김재현

2천 년 세계기독교의 역사에 유례가 없는 발전과 성장을 이룩한 한국교회가 21세기 들어 고전하고 있다. 일제의 억압과 한국전쟁같이 힘들고 어려웠던 시절을 한국기독교인은 헌신과 열정적 신앙으로 극복해 왔다. 그런데 1980년대 강남개발과 함께 대형화되기 시작한 한국교회는 담임목사직 세습화, 교회의 세속화와 권력화, 정치·사회적 보수화로 몸살을 앓고 있다. 최근 들어 만연된 교회에 대한 조롱과 비판적 물결은 한국기독교가 처한 지금의 어려운 현실을 반영하고 있다.

이는 한국기독교가 본질적인 문제 대신 비본질적인 주제들과 싸우며 시간을 낭비하게 만들고 있다. 신앙과 복음의 본질, 깊은 영성, 복음적 실천과 지성의 가치를 높이는 것 같은 본질적 투쟁보다는 비본질적 투쟁에 우리의 시간과 정력을 빼앗기고 있다. 비본질적 싸움은 우리를 좌절과 분노, 천박한 질적인 저하로 빠지게 한다. 2017년 종교개혁 500주년을 목전에 앞두고 발표된 서울의 한 대형교회의 부자세습은 권력, 맘몬, 핏줄 이데올로기의 덫에 걸려 내부에서 싸우는 한국교회의 자화상을 고스란히 보여주었다. 수많은 이단의 발흥은 정통적이라 자부해 온 한국교회의 방조 내지는 미필적 고의 때문에 생겼는지 모른다. 한국교회에서 몇 년 전부터 회자되어온 매주 예배드릴 교회를 떠돌아다니는 '가나안 성도'들은 오늘날의 한국교회가 스스로 만들어낸 측면도 있다.

지금의 한국교회의 현실을 보면 퍽 암울하고 절망적이지만 여전히 적지 않은 사람들이 참된 신앙과 구도적 삶을 절실히 찾고 있다. 〈안토니우스의 생애〉는 아마도 이들뿐만 아니라 우리 모두에게 사막의 오아시스가 될 것이다.

박해와 순교의 시대, 이단과의 투쟁, 순교적 삶을 치열하게 싸웠던 안토니우스

251년경 태어나 356년에 죽은 수도원의 선구자, 사막의 교부 안토니우스는 한국교회가 직면한 오늘의 현실에 하나의 중요한 출구를 제시하고 있다. 그는 언제 끝날지 모르는 로마제국의 지긋지긋한 기독교 박해 시절에 태어나 성장했다. 지중해를 가로질러 건너온 로마의 칼날은 카르타고와 알렉산드리아에서도 매서웠다. 284년에 등극한 가이우스 디오클레티아누스 Gaius Diocletianus 황제는 죽기 2년 전인 303년에 기독교를 몰아치며, 대박해로 수많은 기독교인을 순교자로 만들었다. 박해의 여진이 지속되던 311년 안토니우스는 자신이 거하던 은둔수도처를 박차고 수도 알렉산드리아에 와서 목숨을 걸고 기독교인들을 변호하고 위로했다. 313년 기독교가 공인되고 박해가 끝났지만, 박해가 어느 날 갑자기 그렇게 끝날 것이라 누가 생각했을까?

갑자기 찾아온 기독교의 자유, 그러나 새롭게 실권을 쥔 콘스탄티노플의 황제들은 정통 기독교가 아닌 아리우스파에 더 호의적이었다. 때로는 이집트의 수도

에필로그 • 155

요 총대주교가 자리한 알렉산드리아 교구가 아리우스파 지도자들의 수중에 들어가기도 했다. 기독교가 로마의 박해로부터 자유를 얻었지만, 교회들의 공의회를 통해 정통 기독교를 정립해가는 과정에는 박해 시절 못지않은 인내와 헌신이 필요했다. 이단이 날뛸 때, 은둔 수도사 안토니우스는 수도원에만 머물러 있지 않았다. 그의 두 번째 알렉산드리아 방문은 바로 아리우스파를 비판하기 위해서였다.

안토니우스는 은둔형 수도 생활을 하면서도 시대와 교회가 필요할 때 가차 없이 삶의 한복판을 찾아 목소리를 높였다. 그렇지만 그는 수도사로서 자신이 어디에 있어야 하는지를 누구보다 잘 알았다. 대박해 시대보다 더 치열하게 순교적 삶을 살아갔던 안토니우스의 삶과 신앙을 우리가 이 시대에 찾아야 하는 이유가 여기에 있다.

"물고기가 한동안 마른 땅에 남아 있으면 죽어버리는 것과 같이, 수도사들이 다른 사람들과 시간을 보내면서 오래 머물면 자신들의 힘을 잃고 말 것입니다. 따라서 우리는 산으로 다시 서둘러 가야 합니다. 물고기가 바다로 빨리 가야 하듯이 말입니다. 사람들 가운데 머물면서 우리가 우리 안에 있는 것들을 잊어버려서는 안 되지요."(생애, 85장)

수도사와 수도원의 시작, 안토니우스와 파코미우스

안토니우스가 기독교 역사에 있어서 최초의 수도사는 아니었다. 하지만, 그는 자신이 사는 지역을 떠나 사막에서 본격적인 수도 생활을 한 최초의 선구자이다. 특히 우리가 은수사eremitic, 또는 은둔 수도자라 불리는 수도원운동eremitic monastery의 아버지이다. 은수사라고 해서, 일생을 혼자 살거나 모든 것을 혼자 해결하는 것은 아니다. 필요에 따라서 중심 리더가 수도공동체를 지도하기도 하고, 생존을 위해 같이 일을 하기도 한다. 안토니우스의 경우도 그의 생활을 도와주는 수도사들이 있었다. 그러나 은수사에게 더 중요한 것은 혼자 떨어져서 묵상과 기도와 수행 같은 핵심 수도 생활을 본질적 요소로 삼는다는 것이다.

전통적으로 기독교 수도 생활은 은둔적 삶을 사는 수도 생활eremitic과 공동체적 삶을 사는 수도 생활cenobitic이 있다. 수도원의 역사에서는 일반적으로 안토니우스를 은둔 수도자의 선구자로, 파코미우스Pachomius, 292년경-346를 공동체 수도원의 선구자로 간주한다.

테베에서 출생한 로마군인 출신 파코미우스는 기독교로 개종한 후 은수사가 되었다. 이후 타베니시Tabennisi에 수도원을 세우고 규칙 생활을 하는 공동체(공주)수도원cenobitic monastery을 세웠다. 그의 〈수도규칙〉The Rule of Pachomius과 공동생활제수도원은 이후 마크리나와 닛사의 그레고리우스의 가문에 속한 바실리우스Basilius, 330-379와 〈베네딕트 수도원 규칙서〉로 유명한 누르시아의 베네딕트Benedict, 480-547에게 크게 영향을 미쳤다.

3세기 후반-4세기에 나일강을 중심으로 한 이집트 사막 지역이나 마을에서 좀 떨어진 외딴곳 등은 은수사들과 공동생활을 하는 수도사들의 도시요 천국이었다. 어떤 이들은 박해를 피해 사막으로 몰려들었고, 일부 또 다른 이들은 기독교가 자유를 획득하자 새로운 형태의 순교적인 삶, 즉 백색순교White martyrdom를 추구하며 여러 형태로 수도 생활을 택했다. 이집트의 사막 지역은 처음에는 주로 안토니우스와 그를 따르는 수도사들의 도시가 되었지만, 머지않아 영성의 대가들의 조언과 자문을 받고자 하는 왕족과 귀족들의 발걸음이 사막을 붐비게 만들었다. 사막 교부들의 영성이 알렉산드리아를 비롯한 번잡한 도시에서 사람들을 사막으로 끌어낸 것이었다.

기독교의 조직화된 은둔 수도원의 창시자, 안토니우스

사막의 교부, 수도자 안토니우스는 251년경 중부 이집트, 헵타노미스 지역에서 태어났다. 기품이 있고 부유한 부모들 밑에서 자란 안토니우스는 20세경에 부모를 잃고서 인생의 중대한 전환점을 맞이했다. 마태복음의 한 구절은 더욱 파격적인 전환점을 제공했다.

"네가 온전하고자 할진대 가서 네 소유를 팔아 가난한 자들에게 주라 그리하면 하늘에서 보화가 네게 있으리라 그리고 와서 나를 따르라"마19:21

이 말씀을 마음에 깊게 새긴 안토니우스는 자기 재산의 일부를 가난한 자들에게 나누어주고, 누이는 믿을만한 동정녀들에게 맡겨 양육을 부탁하였다. 그리하여 누이도 초기 수녀원인 "그리스도의 동정녀단"에서 생활하게 되었고, 안토니우스 본인도 본격적인 금욕적 수행 생활에 나섰다. 이 책이 다루고 있듯이, 이후 85년 어간 수도사의 삶을 살았던 안토니우스는 356년 1월 17일에 홍해 근처 다이르안바 안토니우스수도원에서 사망하였다. 가톨릭교회는 매년 1월 17일을 안토니우스 축일로 지키며 그의 삶과 신앙을 기리고 있다.

안토니우스와 관련된 기록

안토니우스의 삶을 보여주는 주된 초기 그리스도교 문서는 세 가지가 있다: 첫째, 아타나시우스가 쓴 〈안토니우스의 생애〉; 둘째, 초기 수도사들의 다양한 단편적 어록들을 모은 〈아포프테그마타 파트룸〉Apophthegmata patrum에 수록된 38개의 안토니우스의 금언록; 셋째, 안토니우스가 직접 썼다고 간주되는 7개의 〈편지들〉Letters. 이 세 가지 자료 중에 7통의 〈편지들〉만이 그가 직접 남긴 자료이다. 편지들은 짧은 분량이지만, 안토니우스가 얼마나 내적 성찰에 깊게 집중했는지, 유혹과 망상과 욕망에 빠지게 하는 악령에 맞서 어떻게 치열한 투쟁을 전개했는지 등을 잘 보여주고 있다.

물론 이 외에 그가 남긴 편지들과 문서들이 더 있었을 것이다. 〈파코미우스의 생애〉에 따르면 안토니우스는 아타나시우스에게 한 통의 편지를 썼다. 역사가인 콘스탄티노플의 소크라테스Socrates, Socrates Scholasticus, 380-439년경와 소조메누스Sozomenus, 400-450년경도 안토니우스가 황제에게 편지를 쓰고 답변도 얻었다고 증언하고 있다.

저자, 아타나시우스Athanasius Alexandrinus, 295경-373

〈안토니우스의 생애〉Vita Antonii는 357-360년경에 알렉산드리아의 주교 아타나시우스가 썼다. 안토니우스가 죽은 지 얼마 지나지 않아 기록된 작품으로, 그에 대한 비교적 생생한 기록을 담고 있다.

이집트의 수도이자 가장 큰 교구였던 알렉산드리아의 대주교가 어떻게 당대 가장 명망이 있던 은수사인 안토니우스에 대한 기록을 남겼을까? 그리고 어떤 목적을 갖고 이 책을 편집했을까?

기독교공의회 시절의 험한 여정

기독교 신학의 형성기였던 4세기는 많은 신학적 발전과 첨예한 신학적 의제들이 역동적으로 제기되던 시기이다. 4세기 초반까지 몰아친 기독교에 대한 박해와 콘스탄티누스 황제의 극적인 개종 이래 갑자기 찾아온 기독교의 자유는 기독교의 핵심 신학적 교리와 고백들을 차분히 정리할 기회를 제공하지 않았다. 기독론과 삼위일체론을 비롯한 신학적 규범들이 아직 에큐메니칼공의회를 통해 최종적으로 정해지지도 않았고, 황제의 정치·종교적 관심사에 따라 정통과 이단의 운명이 지역과 시대에 따라 순간순간 바뀌기도 했다. 그 때문에 교회 지도자들의 부침도 잦았고, 아타나시우스의 경우 다섯 번이나 자신의 주교직에서 쫓겨났고, 심지어 17년 어간을 자신의 교구 밖에서 맴돌아야 했다.

아리우스파

안토니우스와 아타나시우스가 활동하고 있던 당시 이집트 알렉산드리아의 사제요 신학자인 아리우스를 중심으로 형성된 일명 아리우스파가 널리 퍼져 있었다. 때론 콘스탄티노플에 위치한 황제들의 강력한 지지를 받기도 했던 이들은 예수를 거룩하고 위대한 인간으로 인정했지만, 예수의 신성을 부인해 정통 기독교에 의해 이단으로 정죄를 받았다. 그리고 4세기 내내 교회에 큰 골칫거리였던 아리우스파에 가장 강력하게 맞서 싸운 사람이 이 책의 저자인 알렉산드리아 주교 아타나시우스였다. 그는 아리우스파와 논쟁의 여파로 트리어와 로마를 비롯한 지역에서 총 17년이나 유배 생활을 했고, 목숨을 부지하기 위해 세 번이나 사막으로 도피하였다. 아타나시우스는 325년 열린 니케아공의회에 부제 신분으로 참석해 아리우스파에 대해 맹공을 퍼부었고, 381년에 열린 콘스탄티노플공의회(니케아 신조가 유일하고 합법적인 신앙고백으로 자리매김한 회의/homoousios, one substance)에서 아리우스파를 최종적으로 이단으로 단죄하였다. 물론 아리우스파의 현실적인 영향력은 4세기 내내 지속되었다. 당시 아리우스파는 콘스탄티누스 황제를 비롯해 비잔틴기독교의 보호를 일반적으로 받고 있었다. 또한 지금은 정통으로 인정되는 기독교의 보편적 교리도 형성기에 있었다. 아리우스파를 최종적으로 단죄한 콘스탄티노플공의회가 열리기 20여 년 전에 아타나시우스가 펴낸 〈안토니우스의 생애〉에 아리우스파에 대한 언급이 많은 이유를 우리는 잘 이해할 수 있을 것이다.

인생은 새옹지마라는 말이 있듯이, 아리우스파를 피해 다닌 아타나시우스의 도피와 유배 생활이 그에게 모두 불행인 것만은 아니었다. 왜냐하면 〈안토니우스의 생애〉라는 책은 그가 도피와 유배 생활을 통해 만들어낸 걸작이요, 초기 수도원 역사의 전형으로 자리 잡은 책이기 때문이다. 그가 339년에 로마로 추방되어 7년 어간을 보낸 경험이 나중에 〈안토니우스의 생애〉가 라틴어로 우선 번역되어 서방기독교 수도원운동과 기독교 영성에 큰 영향을 미친 중요한 계기가 되었다.

또한 자신의 목숨을 부지하려고 사막으로 피한 아타나시우스는 '사막의 천사들'을 만났다. 삶과 신앙에서 매우 훌륭한 모범을 보여준 수도자들을 그는 자신의 도피처인 사막에서 만난 것이다. 그가 안토니우스를 처음 만난 것도 도피 중에 찾았던 바로 그 사막에서였다. 그는 또한 유배 생활을 통해 안토니우스에 관련된 증언들을 모을 수 있었다. 이 결과로 아타나시우스는 안토니우스가 죽으면서(356년 1월 17일) 자신에게 물려준 외투(양피 망토)를 갖게 되었다. 그리하여 아타나시우스는, 안토니우스 같은 수도자의 삶은 모든 기독교인들에게 좋은 귀감이 될 수 있다고 믿고 이 책을 펴낸 것이다.

안토니우스의 금욕주의적 수행과 영적 투쟁

내적 성찰과 훈련

안토니우스의 수행의 삶에서 중요한 부분은 내면의 성찰과 훈련, 악한 영들과의 치열한 투쟁이다. 우리는 본문 3-5장, 17-21장에서 내적인 수행의 예를 잘 볼 수 있다. 내적 수행은 무엇보다 먼저 자신을 스스로 살피거나 자신의 마음을 경계하는 것을 뜻한다. 안토니우스는 자신이 어떤 것에 관심을 돌리고 어떤 것을 기억하는가, 어떤 것이 자신의 수행에 유익한가 등에 있어서 분별하며 훈련했다. 또한 성냄을 비롯한 스스로의 그릇된 기질에서 자유롭게 되는 법을 훈련하는 가운데 사람들에 대한 상호적인 사랑으로 발전했다. 안토니우스의 이러한 내적인 수행은 성서를 묵상하고 끊임없이 기도하기, 그리고 가난한 사람들을 돕는 등의 실천적인 생활과 병행되었다. 특히 본문 17-21장의 내용은 그리스도교적 수덕의 삶의 본질과 원리를 성서뿐만 아니라 당시 이집트 수도 생활의 용어에 기초해서 보여주고 있다.

악령과의 투쟁

안토니우스의 수행과 훈련은 종종 악령과의 투쟁으로 극화되어 묘사되고 있다. 그의 수행을 방해하는 악령은 본문 5장과 22장에 이어지는 부분들에서 마귀, 여자, 동물 등의 여러 모습의 환상을 통해 상당히 극적이고 시각적으로 등장한다. 안토니우스는 이러한 악마를 어떻게 식별하고 물리칠 것인지를 가르쳐주었다. 금욕주의적 수도자들의 수행과 훈련을 망쳐버리고 포기하게 하려는 악한 영적 세력을 안토니우스 자신이 대면하고 식별하며 물리치는 모습을 보여준 것이다.

특히, 본문 14장은 치열한 영적 투쟁과 금욕주의적 수행의 오랜 삶을 거친 후 온전한 하나님의 사람으로 변모한 안토니우스의 몸과 영혼의 상태를 인상적으로 묘사한다. 이는 이집트 수도문학, 특히 에바그리우스가 잘 설명한 바 있는 '아파테이아'apatheia의 상태를 묘사한다. 오랜 금식과 투쟁 후에도 그의 몸은 예전의 모습 그대로였다. 그 내면은 흠과 티가 없이 순수하고 여러 상황 속의 희로애락과 군중의 환호 등에서도 어느 한쪽에 치우치지 않는 평정의 상태를 유지했다. 그리하여 안토니우스는 주님께서 그를 통해 고통과 어려움을 겪는 이들을 위해 일하실 수 있는 통로가 되었다.

'비르 데이'

아타나시우스는 수도사들의 원형인 안토니우스를 통해 궁극적으로, 하나님을 진정으로 따르는 '하나님의 사람', 즉 '비르 데이'vir Dei의 모델을 제시하고 있다. 사실 〈안토니우스의 생애〉는 325년 정리된 니케아 신앙을 한 인물로서 구현하고 있는 최초의 그리스도교 문학이자 소중한 자료이다. 니케아 신조의 핵심 중의 하나는 그리스도가 인성과 함께 신성을 갖고 있고, 이를 통해 창조주 하나님과 그리스도는 한 본성one substance이라는 신앙 조항이다. 물론 이는 381년 콘스탄티노플 공의회에서 확정된 삼위일체론의 근거가 되었다. 이에 따라 그리스도가 신성을 지니고 '보이지 않는 하나님'을 드러냈듯이, 모든 성도 역시 그리스도를 따라 하나님처럼 될 수 있다는 가능성을 확보하였다.

안토니우스의 성결한 삶은 바로 육화된 그리스도처럼 하나님의 신성을 잘 드러내는 좋은 모델이었다. 그리스도가 하나님의 신성에 근거해 마귀를 쫓아내고 온갖 질병을 치유했듯이, 안토니우스 역시 악령을 몰아내면서 이 땅에 하나님의 거룩한 권능을 드러내 보이게 만들었다. 아타나시우스는 이러한 편집 의도를 이 책의 마지막 부분에서 명확하게 드러내고 있다. "그들은 우리의 주님과 구원자 예수 그리스도께서 그분을 영광스럽게 하는 사람들을 영광스럽게 하신다는 것을 믿을 수 있을 것입니다"(생애 94). 이런 논리와 고백에서 그리스도의 신성을 부인하는 아리우스파를 아타나시우스는 수용할 수가 없었고, 안토니우스의 삶과 신앙을 통해 강하게 거부했던 것이다.

〈안토니우스의 생애〉 구성

1부 (안토니우스 수도 생활의 초기와 중반기)
　　도입: 수도사들의 모범인 안토니우스
　　1-7장: 하나님 말씀에서 안토니우스가 영감을 받고 20살 즈음 마을 근처에서 수도 생활을 시작하다(271년경).

8-10장: 마을에서 멀리 떨어진 묘지에서 수행하면서 악마와 본격적으로 투쟁하다.

11-13장: 사막(피스피르^{Pispir} 산, 지금의 다이르 알마이문)으로 들어가 버려진 요새 안에서 금욕적 영적 수행을 계속하다 (285년경부터 약 20년간).

14-15장: 하나님께서 안토니우스를 통해 일하시고, 사막은 그를 영적 아버지로 따르는 수도사들의 도시가 되다.

2부 (수도사들에 대한 안토니우스의 설교 담화와 수도원의 성장)

16-21장: 성경의 가르침, 금욕적 수행과 덕행의 삶, 사악한 영적 세력에 대항하는 삶에 대해 가르치다.

22-43장: 악마와 악한 영들에 대한 식별과 영적 투쟁에 대해 가르치다.

44-45장: 수도원이 성장해 가다

46-48장: 막시미누스의 교회 박해 당시 안토니우스가 저항하다(311년경). 이후 안토니우스는 매일 '순교자'로서 금욕적

수행을 강화시키다. 또한 사람들에게
치유를 베풀다.

3부 (안토니우스 수도 생활의 후반기)

49-53장: 안토니우스가 거처를 깊숙한 산으로 옮긴 후 계속 수행하다(313년경, 이곳은 콜짐Qulzum 산으로서 수에즈만에서 내륙으로 30킬로미터 지점에 위치).

54-66장: 계속해서 사람들과 제자들에게 가르침과 치유를 베풀고, 하나님께서 안토니우스에게 특별한 영적 비전과 은총을 주시다.

67-82장: 안토니우스가 정통파 교회 수호에 힘쓰다.

83-88장: 어려움에 처한 다양한 사람들을 돕고 세상에 유익함을 가져다주다.

89-92장: 안토니우스가 자신의 죽음을 준비한 뒤 세상을 떠나다(콜짐 산 동굴 거처에서 356년 사망).

93-94장: 안토니우스 생애의 요약과 맺음말

원전과 번역

알렉산드리아의 주교 아타나시우스가 그리스어로 집필한 〈안토니우스의 생애〉는 비교적 빨리 라틴어로 번역이 되어 서방기독교에 알려졌다. 이어서 시리아어, 콥트어, 아랍어, 아르메니아어, 에티오피아어 등으로도 번역되어 동방기독교인들에게 다가갔다. 그리스어 원전비평연구판으로는 G.J.M. Bartelink가 편집한 판본이 있다: Athanase d'Alexandrie: Vie d'Antoine, Sources Chrétiennes 400. Paris: Éditions du Cerf, 1994. 영어 번역본으로도 좋은 출판물들이 있다: Athanasius. The Life of Antony (Robert C. Gregg 번역), New Jersey: Paulist Press, 1980; R.T. Meyer(번역), Ancient Christian Writers 10. London, 1950; Tim Vivian와 Apostolos N. Athanassakis(번역), Kalamazoo, Michigan: Cistercian Publications, 2003. 오래된 영어 번역본이지만 참조할 만한 출판물도 있다: H. Ellershaw(번역), Nicene and Post Nicene Fathers 2nd Series Vol. 4. New York, 1924, reprinted 1957. 최근의 한글 번역본으로는, 《사막의 안토니우스》(분도출판사, 옮긴이 허성석, 2015)라는 이름으로 생애뿐만 아니라

안토니우스의 7통의 편지와 38개의 금언집이 함께 출간되었다.

우리는 이번 번역을 위해 위의 모든 자료를 참조하였다. 키아츠의 번역 작업은 상당히 오래전에 기획되어, 지난 2천 년간의 기독교의 영적 성숙에 도움이 되는 문서를 한글로 편찬하는 목표를 계속 수행하고 있다. 이 책 에필로그의 첫머리에서 우리는 한국교회의 현재의 모습을 사뭇 비관적으로 그려 보았다. 이 책이, 이단과 권력과 맘몬 같은 여러 우상에 직면한 한국기독교와 기독교인들이 예수의 근본적인 가르침으로 되돌아가는 데에 중요한 길라잡이 역할을 하기를 소망한다.